敏捷学习

企业数字化学习运营新手入门

夏冰 著

中华工商联合出版社

图书在版编目（CIP）数据

敏捷学习：企业数字化学习运营新手入门／夏冰著．— 北京：中华工商联合出版社，2023.7
　　ISBN 978-7-5158-3702-4

Ⅰ．①敏… Ⅱ．①夏… Ⅲ．①数字技术－应用－企业管理 Ⅳ．① F272.7

中国国家版本馆 CIP 数据核字（2023）第 113535 号

敏捷学习：企业数字化学习运营新手入门

作　　者：	夏　冰
出 品 人：	刘　刚
责任编辑：	吴建新　关山美
装帧设计：	智　画·王桂花
责任审读：	付德华
责任印制：	迈致红
出版发行：	中华工商联合出版社有限责任公司
印　　刷：	北京毅峰迅捷印刷有限公司
版　　次：	2023 年 7 月第 1 版
印　　次：	2023 年 7 月第 1 次印刷
开　　本：	710mm×1000mm　1/16
字　　数：	240 千字
印　　张：	15.5
书　　号：	ISBN 978-7-5158-3702-4
定　　价：	68.00 元

服务热线：010-58301130-0（前台）
销售热线：010-58301132（发行部）
　　　　　010-58302977（网络部）
　　　　　010-58302837（馆配部）
　　　　　010-58302813（团购部）
地址邮编：北京市西城区西环广场 A 座
　　　　　19-20 层，100044
http://www.chgslcbs.cn
投稿热线：010-58302907（总编室）
投稿邮箱：1621239583@qq.com

工商联版图书
版权所有　侵权必究

凡本社图书出现印装质量问题，请与印务部联系。
联系电话：010-58302915

赞誉

夏冰老师是企业培训界知名的优秀专家,她的《敏捷学习:企业数字化学习运营新手入门》一书,紧贴数字化时代的潮流,立意新颖,内容丰富,论述翔实,是一本十分难得的企业培训工作者案头的工具书。

——巨强(中国教育技术协会副秘书长、金融专委会秘书长、经济学博士)

通过数字技术提升企业学习效率和效果,是每位培训人必备的技能。夏冰老师在数字化学习领域拥有丰富的实践经验和研究成果,相信书中大量的技法和心法,能助你快速从数字化学习运营新手成为高手。

——熊俊彬(CSTD中国人才发展平台创办人)

与夏冰老师结识于"中国企业微课大赛",夏冰老师担任过多届微课大赛导师、顾问;从培训管理者到专业培训师,夏老师积累了丰富的实践经验和雄厚的理论基础;数字时代的到来,人才发展部门如何从数字化学习与培训支持组织数字化转型以及数字化人才培养，夏冰老师从师资培养、内容建设、平台运营和数字化学习项目设计等多方面给出了实用高效的解决方案和实战案例；作为数字化学习内容之重要组成部分的微课，必将成为企业市场推广、客户服务、员工培训、战略解读、制度宣贯、文化落地、经验传承等活动的强力支持；希望"中国企业微课大赛"在夏冰等专家导师的支持下，可以成为组织数字化学习和培训转型的助推器。

——**陈强**（"撷华奖"场景化企业微课大赛组委会主任）

在我们承办的第一届、第二届"全国在线学习项目设计大赛"中，邀请夏冰老师作为专家评委，对来自全国各大知名企业的优秀参赛作品，夏冰老师总是能给予一针见血的点评和改进建议，令人信服！这些都得益于夏老师近二十年在企业数字化学习规划管理和运营实践的经验积累。我很认同本书所提出的企业数字化学习的运营体系构建思路与方法，多年来也在不断地实践与总结。如今，夏老师把这些宝贵的经过实践验证的经验，系统性总结提炼编著成书，对于广大企业数字化学习项目的设计者、运营者，是一本难得的理念指引和操作指南，相信对大家的工作实践会有很大的帮助。

——**徐海宁**（上海思创网络有限公司创始人 全国在线学习项目设计大赛组委会主任）

我和夏冰老师认识六年，夏老师一直是数字化学习运营领域的创新实践引领者。数字化学习运营的本源是赋予平台最优质的内容，而真正让知识产生价值，同时对企业人力资本增值和员工成长有决定性价值的关键因素是打通训战结合的运营模式。《企业数字化学习运营新手入门》这本书既有系统的理论指导，又有实际的案例分析和工具应用，实战性非常强，能为当前乃至未来的企业数字化学习运营提供全面的指导。在企业数字化学习领域，我认为它不仅可以作为新手运营者的"入门宝典"，也可以是资深运营专家的工具书。

——时秀丽（量子教育副总裁）

数字化学习是企业学习的大趋势，也是数字化转型的必然结果，三节课作为数字化学习平台的服务商深知学习运营是其中核心关键因素，它关系到学习效率，更关系学习效果达成，可以说既是重点也是难点环节。本书的出版填补了行业空白，让所有关注数字化学习的朋友们有章可循，值得庆贺！也期待大家学以致用，让数字化学习在运营的驱动下实现"企业数字化技能全面升级"。

——后显慧（三节课创始人兼CEO）

夏冰女士，才思敏捷，善于创新，数字化学习领域近二十年的专业实践者，也是国内首批关注到数字化学习运营的研究者之一。服务于中国电信期间，参与了数字化学习平台从0到1的建设，搭建了中国电信的数字化学习运营体系，并设计推出了一系列开拓创新型的学习项目。本书既是作者几十年躬身实践的总结，也是一次诚恳的交流与分享，相信会是诸多数字化学习从业者不可多得的宝藏书籍！

——黄志钢（中国电信人才发展中心副主任）

随着数字化在生活、工作中的全面应用，人们已经非常习惯和适应随时感受数字化带来更好的体验和影响，学习也不例外；作为企业在关注人才培养，设计培训项目时，需要全链路思考，过程中多元的学习方式，精细化的学习运营与管理都需要数字化的支持。

夏冰老师的书全纬度地呈现了培训项目在交付数字化解决方案的多种可能，有系统的认知，有实用的工具，有创新的方法，有避坑指南；作为培训老兵打开这本书也许会获得新的启发，作为培训新兵，阅读此书，可以帮助你顺利有效的落地，可以帮你获得更多学员好评。值得一读。

——**付春鸥**（蒙牛全球乳业人才培训中心执行负责人、蒙牛集团学习发展负责人）

企业数字化学习的特点决定了规范、体系化的运营是学习有效发生的可靠保障，特别是企业数字化学习进入深水区的时候，运营的作用尤为明显。本书既有运营体系搭建的方法论，又有具体工具和案例指引，对相关从业者有较高借鉴价值，相信也能更好地助推企业数字化学习的良性发展。

——**田亮**（中国石化管理干部学院网络培训部主任）

三年疫情加速了企业培训数字化转型，如何让冰冷的线上培训变得有温度，这就需要运营管理者精心组织和设计。夏冰老师有多年从事在线运营工作的实践经验，现在她将这些经验总结成为大量的方法和案例，这本书指导性和实用性强，推荐运营新手好好研读。

——**胡菲**（北京石油管理干部学院远程培训部主任）

夏冰老师有着近二十年企业数字化学习和运营管理经验，是企业数字化学习领域的先驱者，为诸多企业提供了专业的授课与咨询服务，为企业数字化学习项目运营新人开启了数字化学习之门。此次，夏老师倾心打造的《企业数字化学习运营新手入门》一书，是对自己多年实战经验的全面总结和升华，为数字化学习从业者提供了一套完善可参照的运营体系构建思路和方法，也一定会成为数字化学习从业者必备的工作宝典。

——**郭燕**（上海交通大学国家电投智慧能源创新学院远程培训中心主任）

企业在数字化时代面临着诸多新机遇和新挑战，持续提升组织能力是致胜于未来的根本，学习发展部门如想在其中充分发挥和证明自身价值，也需要培养"与时俱进"的专业能力。《企业数字化学习运营新手入门》这本书真正做到了"体系性"和"落地性"并重，围绕着"数字化学习"这个核心，在运营、平台、内容等多个核心维度上展开论述，并能通过案例和工具，给读者直接的落地指引。此书可作为学习发展从业人员的办公桌必备工具书，除系统性学习外，还能在日常工作中随时翻阅参考。

——**岳建军**（原字节跳动培训总监）

2001年中国工商银行搭建了第一个在线学习平台，正式拉开国内企业应用在线学习平台的序幕，至今已22年。中国企业在"数字化学习"领域，从摸着石头过河，发展到探索期、成熟期，结合数字化转型的大势，目前已经进入深水区，在很多研究及应用上达到国际先进水平。

夏冰老师作为这一过程的见证者及参与者，兼顾甲方的业务视角，乙方的咨询视角；企业的应用落地视角，以及行业发展的战略视角。由她总结出的《敏捷学习：企业数字化学习运营新手入门》，从数字化学习规划到数字化学习落地，从数字化学习系统、数字化学习内容到数字化学习运营……从多个视角解读了数字化学习的内涵与外延，是多年数字学习实践的经验总结与浓缩。这本书不仅推荐给数字化学习的新手，作为搭建整体逻辑思路及应用思路的工具，同时也推荐给更多数字化学习的老兵，同样可以从中汲取大量的知识及宝贵经验。

——**许楠**（前中国移动、京东、多点数字化学习与人才发展负责人）

企业数字化转型是近些年的重要课题，但培训学习行业的数字化转型发力较晚，目前缺少成熟的方法论和工具。基于此，《敏捷学习：企业数字化学习运营新手入门》一书的出版，为广大企业的人力资源、培训部门工作者们提供了数字化学习运营的思路和方法，此书理论和实践相结合，深入浅出，娓娓道来，非常接地气，相信可以帮助你快速上手，在数字化学习运营工作中做出亮点和成绩。

——**陆军**（阳光保险集团、阳光大学堂在线平台处处长）

数字化时代，企业如何构建数字化学习运营体系？如何组织与实施数字化学习？如何破解内容开发和运营难题？本书不仅有方法和工具的指引，更有大量实践案例。深耕数字化学习领域多年的夏冰老师在书中给出了框架清晰、逻辑严谨、内容聚焦、操作简易的解决方案，为您提供构建体系的"路子"，为您可能或已经遇见的障碍开个"方子"，更希望本书能够成为一扇"窗子"，为企业决策者、HR、内训师以及正在阅读此书的您，带去不一样的视角和启发。

——**包文静**（中国石化网络学院特聘专家、博奥学院特聘专家）

结识夏冰老师是缘于一场直播的学习，感受到每一个知识点都是日常实操得来的真金白银。数字化学习运营十分重要，在未来的数字化学习扮演越来越重要的角色，相信这些实战的累积可以给数字化学习的小伙伴带来收益。

——**董艳**（默克商业学习中心总监）

本书是夏冰老师多年实践和研究的总结，兼具体系化和实战性，完美阐释了"用户为本，内容为魂，项目为睛，运营为体，技术为基"的企业数字化学习运营方法论，值得每一位企业培训从业者阅读。

——**尹锴**（原阿里巴巴湖畔学院在线学习负责人）

夏老师的《敏捷学习：企业数字化学习运营新手入门》一书在领域内首次把企业的数字化学习建设上升到运营层面进行详细的解构，是一次大胆的创新和突破，为国内企业构建系统化、成果化、活跃化和品牌化的数字学习体系提供了实现的顶层设计、落地方案和更长远的发展指导。本书深度结合夏老师丰富的国内外实践经验和案例总结，为更广泛类型的企业在数字化学习建设的各个阶段和各个环节提供了丰富的落地实操方法论，成为国内企业数字化学习建设的最佳参考指南，也是国内企业培训主管人员案头的必备指引。

——**胡晓东**（医大智慧教育科技有限公司 CEO）

无运营不项目，作为一家数字化学习服务公司，我们也在积极探索接地气的数字化学习运营方法论。夏冰老师将自己多年的甲乙方经验倾囊而出，一定能让更多读者借着巧劲加速数字化技术与内容在企业的快速落地。

——**李成平**（赢诺科技有限公司总经理）

认识夏冰老师已经近十年，对夏老师在数字化学习领域的研究甚是认同和推崇！夏老师的专业度，授课和行业前瞻能力以及缜密的思维逻辑让我甚是钦佩。

这本《企业数字化运营新手入门》看得出是诚意满满，凝聚了夏老师这几十年的研究精髓，可以说是行内伙伴，乃至整个行业的一大福利！更是一个非常棒的入门工具。

整本书结构清晰，目标明确，能让更多刚入行或有兴趣想入行的伙伴可以迅速了解什么是企业数字化运营、怎么合理使用平台、如何搭建内容体系、如何快速高效地做好线上运营，是一本非常值得推荐的书籍！

——**张弋泓**（翼本数字科技创始人）

推荐序

春暖花开、疫情消散，三年的艰难时光让我们感受到了太多的不易，也体会到了生命的珍贵。开年伊始，企业培训管理者异常忙碌，各种培训班、学习活动都在紧锣密鼓地筹备着；培训服务商也纷纷开启全国差旅模式，一起迎接这充满希望的 2023 年。

对于未来，无须怀疑的是我们已然踏入技术驱动的数智时代，从元宇宙概念的兴起，再到近期人工智能领域 ChatGPT 的爆火。除了行业内卷，机器人好像也在抢我们的饭碗，过度的恐慌倒不必，但未来如何跟前沿技术相处，将技术为我所用却是非常重要的话题。

对于培训行业来讲，数字化学习在国内经历了二十多年发展，目前已经成为中大型企业的标配。无论从企业培训体系顶层建设的角度，还是从员工学习习惯的角度，技术对于组织学习领域的影响会越来越深刻。

Online-edu（在线教育资讯网）作为培训行业的数字化学习媒体也走过了 20 个年头，引领了整个行业数字化学习发展的走向，也感受到行业的深刻变迁。博奥研究院在技术快速变革的当下，不断研究新的技术和模式，旨在为行业提供更多的指导和赋能。比如，针对元宇宙前沿数字技术的集合体，我们成立了元宇宙培训私董会，立足北京辐射全国；从元宇宙政策技术的研究，到优质服务商的筛选，包括针对企业教育培训核心场景和价值的研究等，以及陆续开启的走进名企探访元宇宙之旅。

立足持续赋能行业的使命和价值导向，博奥研究院联合行业专家在企业数字化学习战略、顶层规划、培训师赋能、数字化人才培养等方面做了深入的研究；同时跟行业头部企业在场景落地角度做了实践验证，共同为行业输出了数字化培训师赋能的整体解决方案。在元宇宙方面，博奥研究院重点探索元宇宙的顶层设计和培训场景价值研究，从数字校园、NFT、数字人讲师、元宇宙TTT等多角度进行切入和解决方案的输出。

　　夏冰老师作为数字化学习行业的资深专家，也是博奥研究院的顾问，拥有甲方多年实战经验，这些年为培训行业的发展贡献了不小的力量。在这样一个关键的行业时刻，夏老师《企业数字化学习运营新手入门》这本书如及时雨般出现，为整个企业培训管理者队伍，特别是对数字化学习平台运营的小伙伴，带来了最大的福音，必然起着从0到1、"扶上马送一程"的绝佳效果。

　　全书六大篇章，从数字化学习的定义阐述，到数字化学习运营的痛点分析，再到运营体系搭建的前提分析，数字化学习运营体系搭建的"道、法、术"，数字化学习的运营推广，以及数字化学习项目的设计等模块，全面解构了数字化学习的真谛。相信这本书将成为数字化学习运营者的枕边书、运营宝典。

　　全书语言平实又彰显力量，我相信来自实战派的她一定能给行业伙伴带来不一样的惊喜。

　　2023年博奥研究院将和夏老师一起，共同为行业的发展进步出谋划策、贡献力量，让我们一起加油！

Online-edu（在线教育资讯网）
博奥研究院

前言

2023年，是我进入企业在线学习和数字化学习领域的第20年。

起笔写这本书始于三年前，2020年初的一场疫情，把在线学习、数字化学习概念再一次推到风口浪尖。企业、大专院校、中小学、各类培训机构等纷纷选择并加入线上学习的阵营。而数字化学习的概念，也在2020年进一步明确并为广大企业接受。

当时被疫情困于家中的我，非常希望把自身十几年的实践经验汇总成书，一方面是对自己日常思考和总结的记录，另一方面也是与广大同仁和朋友交流的方式。但与此同时，我心存忐忑，担心内容不够完整，或是不同行业、不同性质、不同规模的企业面临的问题不同，内容的普适性和可参考性是否足够。

后来，随着大量企业加入以及数字化学习技术快速发展，国内企业数字化学习发展进程逐步加快，涌现出大量优秀的案例和做法，带动组织、团队和个人更为敏捷的学习。这种敏捷学习，主要体现在学习发生的频次更高、内容获取速度更快、学习过程更短，而用学习的手段解决工作问题的效率也大大提升。

这时候，我放慢了写书的速度，重新审视和研究来自企业内部和市场上优秀学习服务机构的大量案例，与更多同行探讨难点问题，倾听来自各界的声音。过程中，很多同仁为我的新书出谋划策，贡献观点。本书引用的大量企业案例，均对企业名称进行了处理，在此感谢所有分享这些案例的朋友，是你们的创新与实践，为我和本书读者开启了新的探索之路。而我在持续学习和探索的过程中，也在尽力打磨本书中涉及的部分方法和工具，希望它们更具备易用性和实战性。

铸就数字基石，倍道学习征程，深耕业务场景，听取敏捷回声。

也许本书的技术探讨仍然不够与时俱进，案例展示仍然不够丰富翔实，工具提供仍然不够充足多样，期待未来，我们有机会共同补充和完善。

无论如何，希望开启本书阅读旅程的你，有所收获。

夏冰

Contents 目录

1 第一章
什么是数字化学习

数字化学习的定义 / 4
运营是什么 / 6

2 第二章
数字化学习运营为什么难

学习者已改变 / 12
学习模式已改变 / 14
学习内容的开发运营要求已改变 / 16
学习管理者的思维未完全转换 / 18

3 第三章
搭建运营体系，先考虑什么

企业数字化学习的运营定位 / 24
企业数字化学习的应用规模 / 27
企业能够投入的资金 / 31

4 第四章
如何搭建企业数字化学习运营体系

企业数字化学习运营全景图 / 37
战略部署 / 39
平台技术 / 57
内容资源 / 63
人 / 78
学习项目 / 学习活动 / 84
基础保障 / 97

5 第五章
运营有障碍，怎么破

初期推广阶段 / 108
常态运营阶段 / 119

6 第六章
如何设计运营数字化学习项目

从面授项目到数字化项目的思维转换 / 163
数字化学习项目设计要点 / 167
数字化学习项目运营要点 / 201
微学习项目的设计运营要点 / 217

写在最后 / 227

第一章

什么是数字化学习

第一章
什么是数字化学习

关于数字化学习，我们就从一个小小的机器人说起吧。几年前，我跟一家数字技术应用研发机构有一些业务上的接触，有一天我去这家公司参观，他们给我展示了一个可爱的机器人，并介绍说这个机器人可以做很多事情。我可以把它想象成一个会动的人偶型智能手机，智能手机可以实现的功能，这个机器人都可以。此外，因为其特殊的外形和行动功能，还能实现陪伴式学习，比如英语陪伴式学习。假如家里有小朋友正在学英语，最理想最快速的学习方式，当然是让小朋友在一个有英语语境的环境中学习与生活，这个陪伴机器人就可以提供这样一个环境。当我们把它的功能设置成家庭英语学习伴侣时，它会围绕在小朋友左右，时时刻刻用英语和小朋友交流对话。最关键的是，机器人能识别小朋友会话中的错误即时给予提醒，并针对出错内容与频次，结合会话要点、会话速度与难度和小朋友的英语水平提升等因素，自动进行适应性的动态调整，帮助小朋友潜移默化地提高英语水平。此外，小朋友日常有任何问题，也能把机器人当成"siri"或"小度"提问答疑。

发现了吗，这个机器人有几个特点，一是嵌入生活场景，二是即时反馈，三是智能。机器人时时刻刻陪伴着学习者，跟随学习者当前的生活场景触发不同的会话，因此学习的针对性和实战性非常强，精准命中当前时刻的学习目的，是真正的场景化学习。再者，当学习者出现错误，机器人第一时间发现和指出，错误的纠正是即时的，再加上纠错后的强化训练，能给学习者留下深刻印象。最后这个智能太重要了，机器人智能对话、智能动态调整，完全跟随学习者的学习成长需求与路径，背后是机器人的自我学习算法，而这种自我学习依靠学习数据的分析结果产生，通过分析结果实现内容优化升级。

嘿，这不正是企业需要的"千人千面"学习吗！

场景化、即时化、智能化正是数字化学习的特征体现，而这个陪伴式机器人就是数字化学习形式的具体表现之一。

数字化学习的定义

如果我们一定要给"数字化学习"下定义，那么可以从广义的定义和狭义的定义分别探讨一下。

狭义的数字化学习，是依托数字和多媒体信息技术的网络学习，通常指学习者通过数字技术和网络技术进行学习的模式，过去我们称其为网络学习或 E-learning。目前，仍然有很多用户理解的数字化学习是上述狭义的概念。

随着数字化学习技术的不断发展和实践，行业内的专家对数字化学习在企业里的应用有了一个更精准的定义，我们称为广义的数字化学习概念：在企业培训领域，用数字化技术重塑以学员为中心的学习体验，用数据驱动学习设计和运营，从而最大限度的提升企业学习效益的学习模式。

综合当前的企业数字化学习发展现状，简单归纳一下，广义的企业数字化学习的特征包括：

第一，精准高效。能够准确识别或匹配学员需求或问题，尤其是工作场景中的痛点、难点、易错点，快速给予支持，达成高效益学习。比如销售员、客服使用 AI 智能陪练时，系统能自动识别销售员在特定场景下的话术或操作错误，即刻反馈，并带动销售员修正与练习，固化为当前场景下的必备技能。"精准高效"指的就是数字化学习对于特定学习与工作场景中的问题察觉与反馈，背后是大量的场景化知识与案例信息储备，以及敏捷的辨识机制。

第二，即时便捷。数字化学习能够对应学习者的需求给出最迅速的反应，这种反应无论以什么方式呈现，都应当是学习者很方便就能获取的。比如员工通过数字化手段即可快速获取知识信息，或是专家支持，而且这些信息通过手机或其他移动设备直接就能看到或听到，不受时间空间限制，学员不脱产就能学习，因此一定程度也解决了工学矛盾。

第三，高覆盖度。数字化学习很大的优势在于能够突破过去面授学习对于人数和场地的限制，使得学习内容或过程能够一次性覆盖更多目标受众。

第四，智能化。通过学习数据分析，自动匹配适应学习者的个性化需求，并提供最佳学习内容与策略。这需要建立在强大的数据底层基础上，并且有完善的数据挖掘和分析机制。从目前的趋势来看，未来企业如果仅有自己内部的学习数据提供分析可能还不够，如果能联合行业学习数据共同分析，企业的学习设计将更有前瞻性和竞争力。

第五，社会化。由于数字化学习很多时候都是网络化学习，所以学习者之间、工作群组之间可以通过网络实现随时随地的交流互动，共享信息，达成合作。因此，社会化也是数字化学习的特征之一，而且在一定程度上，社会化能够推动更多人参与学习过程，帮助学习者保持更久的学习热情和积极性。

数字化学习不等于过去我们常说的在线学习，它对数据和智能化的要求更高。数字化学习比在线学习针对性更强，也更智能化，必须以数据为基础进行学习的设计、推送、实施、跟踪、管理等。

因此，现阶段区别企业数字化学习和传统在线学习的关键在于：

1. 是不是通过数据挖掘分析，驱动学习设计和运营更加精准有效；
2. 是不是嵌入工作场域，实现一定程度的员工即时学习甚至自适应学习。

运营是什么

数字化学习的运营，短短几个字，其实包含的范畴非常广泛。数字化学习发展的规划与计划、数字化学习平台和技术的规划升级应用与维护、数字化学习内容的开发管理应用、各类数字化学习项目的开发实施推广、与数字化学习相关的人的管理、制度政策、保障体系等，都是数字化学习能够在企业中持续发挥作用不可或缺的工作。

那我们为什么要做这些工作呢？也就是说，运营的意义是什么？

咱们不妨打个比方，一位男士外貌品格、学历修养、职业能力都不错，他看上了一位优秀的女士，非常希望与她成为男女朋友甚至终身伴侣，接下来的发展走向可能性如下：

如果这位女士不知道这位男士的存在，这事儿成不了；

如果这位女士见过这位男士一面，但没有正式认识和了解过这位男士，这事儿也成不了；

如果这位女士认识了这位男士，知道了他的姓名和大致背景，但这位男士却没有任何行动，这事儿估计也成不了；

如果这位女士认识和了解了这位男士，男士接着表现出一系列打动女士的行动，比如每日问候、送花送礼物、在女士需要的时候提供各种关怀和支持帮助等，或许女士就动心了。但如果男士在成功吸引女士的注意后，两人正式建立男女朋友关系前，由于自己工作太忙或其他原因，没有持续问候或关怀支持，这事儿能成的可能性也会大打折扣。

可见，唯有在吸引女士注意后，男士仍然保持不间断问候关怀，真正深入了解对方，且伴随女士的需求变化和成长，同步调整和提升自己的方式方法，最后才能与这位女士真正建立稳定且可持续的伴侣关系。

这位女士最后为什么愿意与男士建立伴侣关系，因为她看到了男士的价值与作用，更体验到她与男士在一起后她自身可能获得的幸福感与人生收益。

如果我们把这位男士看成企业数字化学习，那女士就是数字化学习的目标对象，也就是用户，在企业中，主要是员工或各个专业团体，也可能服务外部人群。当然，我们也可以把用户定义为整个组织，因为企业数字化学习，最终服务的是企业。数字化学习使用的技术再先进，功能再丰富，内容再好，如果没有一系列让用户认识、了解、接触、体验、使用的动作，就无法持续维系用户的兴趣与深入应用，数字化学习的价值效益则无法体现。好比男士没有一系列追求女士的行动，女士则无法发现男士对于她的价值效益一样。

因此，数字化学习的运营可以定义为"为保持用户持续深入应用数字化学习方式，促使用户能力提升和企业业绩发展的一切行为举措。"

第二章
数字化学习运营为什么难

第二章
数字化学习运营为什么难

当我在 2003 年步入企业在线学习研究与运营领域时，眼前一片茫然，不知道从哪里入手。而今天，我眼前的迷雾仍然没有完全散开。与很多同行相似，我们似乎无法用一套标准的体系或方法，去应对不同企业不同阶段的运营难题。无论在这个领域探索多久，无论是过去我们所说的"远程学习""在线学习"还是今天的"数字化学习"时代，大家的一致见解是：运营难。

为什么难？不同阶段的原因可能有一些差异。比如在十多年前，高速移动互联网和智能手机未普及的情况下，很多人无法随时随地上网，互联网技术限制是阻碍学习者参与的重要因素之一。而现在，眼花缭乱的 App 和随时扑面而来的海量信息，占据了人们的阅读和学习时间，并分散大量学习者的注意力。随着未来大数据和人工智能在企业学习领域的纵深应用，会有其他因素为企业数字化学习运营带来新的困难。此外，企业的规模和行业差异，也会直接影响数字化学习运营效果。一般来说，人数多、分布地域广的企业，数字化学习效益明显，推广使用阻力小；而在中小规模的企业，尤其是低端生产制造业，数字化学习的推广相对困难，因为很多学习者认为操作类的培训是很难通过线上手段实现的。

即便存在不同阶段不同行业差异，当我们回顾国内企业在线学习或数字化学习发展历程，仍能找到多年来导致大家集体说"运营难"的共通性原因，大致归结到以下几点：

- 学习者已改变；
- 学习模式已改变；
- 学习内容的开发运营要求已改变；
- 学习管理者的思维未完全转换。

学习者已改变

我们来看看我们的数字化学习用户，相比较传统学习用户，他们显然表现出了几个新特征：

自带设备和内容

腾讯公司曾在四年前的市场调研报告中显示，超过 30% 的用户随身携带超过两个手机。而我们中的大多数人，除了手机，随身还有笔记本、Pad、Kindle 等工具，随身携带的设备大多能便捷地接入移动互联网。移动设备一旦和人结合在一起，就形成一个移动的有思想的统一体，这标志着每个人都是一个互联网有机组合体。除了人的特性，移动设备的特性也该一并被融合进来，信息传递、媒体支持、摄像头、麦克风、感应器、位置获取、触摸交互等设备的能力，都为我们的学习者插上了翅膀，使他们早已突破原有的学习能力。

而在企业中，无论是刚入职的新人还是经验丰富的老员工和业务骨干，无论是高层战略管理者还是中基层业务执行者，每个人都是一个巨大的知识信息存储器。多年的生活、职场、学习和社交经历，为每个人的大脑注入了宝贵的内容财富。

现在，通过随身携带的移动设备，我们可以及时将原本贮存在大脑中的知识信息共享给全人类。每个人不仅是互联网知识的使用者，更是互联网知识的创造者。人与人之间的关系不是散点式的，而是交织的网状，当所有的数字化学习用户通过网络打通链接通道，就形成一个强有力的学习共同体，互相之间既是 O2O 也是 P2P 的关系，每个人既是学习者又是导师或教练，这样的学习共同体所形成的互动关系，无论是效率还是质量，都可能打破我们过往对协作学习的认知。

比我们更强的学习资源整合能力

作为企业培训管理者，我们可能认为我们才是培训专家，尤其在培训内容开发方面，我们掌握着先进的理论和技术。然而在当下，放眼望去，我们会发现，对于互联网知识的获取和加工，企业中很多员工凭着对移动互联网和兴趣和对学习的热爱，早已积累了大量移动技术与功能应用经验。他们了解不同应用的优势劣势；他们会自己制作各种形式的内容，如短视频、H5 等进行推广；他们亲自出镜，通过实时直播互动平台与全世界交流；他们知道去哪里能够找到他们需要的知识技能援助，这些援助可能是来自网络世界的词条、图文、音频视频、书籍、社群、专家甚至是机器人……在这样的过程中，他们愿意为最符合当前需求的知识和服务付费，而这些资源对于其中一部分数字化学习用户来说，对其产生的帮助可能大大超过企业内部培训部门所提供的。

或许我们会问，来自移动互联网的学习信息都不成体系，如何帮助我们的学习者系统化成长？请别忘记，每个成年人都是建构主义学习的个体，如果将其能力结构看成一个复杂的乐高积木成品，很多人凭多年职场经验和学习思考，就能精准地定位自己缺失的那几块积木。通过网络，他们也许就能找到必要的部分去填补自己的空白。

学习模式已改变

说到现今的学习模式,我总会联想到我女儿学乐器的事。女儿满四周岁开始学小提琴,师从一位年长的资深老师。老师造诣很高,要求也很严格,用的教学方法是比较传统刻板的教练法。女儿每周去老师家上课,记住老师教的内容,回家自主练习,到下一周再到老师家展示给老师看,接受老师的新一轮指导。在起步阶段,主要方式就是死记硬背,幼小的女儿学得很是吃力,也因此度过了较长的抗拒期。

同期,女儿的一个同学正在学钢琴,也是一周去钢琴老师那里上一次课,钢琴老师指导学琴的小朋友在家里的传统钢琴上加装了一个可以联网的Pad型练习器。老师会在每次课后将练习内容通过练习器发送给小朋友,小朋友在家就可以联网练习,练习的过程是游戏通关的模式。小朋友只需将钢琴琴键看作打游戏的按键,按照练习器屏幕的指法弹奏完成任务即可。过关则显示小红花和小星星等奖励,未过关则会自动语音提示练习中的不足,给予"再试一次"的机会。练习器还会发出类似"太棒了""还不错哟""要加油哟"等语音激励。而老师则通过远程接收小朋友的练习数据,跟踪每个小朋友的日常练习情况。这位学钢琴的小朋友每天放学回家主动弹琴闯关,乐在其中,跟我女儿形成了鲜明的对比。

成年人的学习,在很大程度上也是如此。很多时候,作为培训管理者,我们可能会埋怨"我们的员工不是很爱学习""宁愿刷朋友圈,不爱看些有用的知识""怎么引导都没用"。我们的员工真的不爱学习吗？为了解答这个问题，我们不妨观察一下，现阶段身边的同事手机里安装有多少跟学习有关的 App，经常打开的有哪些？喜马拉雅、混沌、得到，各种云课堂、网校、模拟训练软件高频次出现在员工的手机里，大家甚至愿意自己付费取得学习内容。而很多企业自己的数字化学习平台或 App 却乏人问津。

美国终身学习平台 degreed 在 2017~2018 年曾面向部分企业做过一项关于员工学习时长的调查。这些企业的员工平均每个月花在自主学习上的时长大约是 14.4 小时，但是花在自己所在企业组织的学习上的时间却只有 2.7 小时，其中也包含了数字化学习的时间。从自主学习的平均数据来看，员工非常爱学习；而从企业组织学习的平均时长看，员工好像只是不喜欢在自己企业里，或在自己企业的学习平台上学习。这里面的原因多种多样，但有一点是肯定的，作为企业培训管理者，我们打造的学习模式不足以吸引我们的员工，因此，学习的适应性、便捷性、趣味性、针对性、探究性，必须在学习模式开发中被考虑进去。

学习内容的开发运营要求已改变

企业数字化学习运营之难，不得不提到内容。内容的开发和运营，一直都是很多企业数字化学习运营中的难点。常见的问题包括：

- 要开发哪些内容；
- 开发成什么形式；
- 由谁来开发；
- 开发过后怎么应用；
- 如何评估这些学习内容的有效性。

这么一看，真是令人头痛。而归根到底，都是一个"针对性"的问题，即：针对谁开发、针对什么需求开发、针对后期什么样的学习场景去开发。

部分企业在开发数字化学习内容上是有些盲目的，"先开发了再说"导致后期没人学，也不知道怎么推。最后，整个学习平台的知识库就演化成一个"网盘"。但如果我们把"针对性"的问题弄明白，也许问题就迎刃而解了。

在数字化学习内容开发过程中，还有一点非常容易被忽视，就是学习对象的学习偏好，即该内容的主体受众人群喜欢什么样的内容形式和风格；以及后期此内容会怎么用，不同的应用需要的内容形式一定是有差异的。

我曾在 A 企业看到一个新员工学习项目，培训主办方一次性推送了 130

多门微课给刚入职的年轻员工并规定一个月内全部学完，这些微课基本全都是说教为主的产品和业务流程课程。一个月后，通过强制考核手段检验新员工的学习完成度和质量。大部分新员工在项目的最后几天，突击完成了所有一百多门课程的学习任务，效果可想而知。

而在 B 企业，同样是新员工学习项目，我了解到主办方做了一个"新新人类入职探秘大闯关"，通过主动推送的方式指引新员工每天闯一关，完成 1~2 门微课的学习和小测试，收获一个宝物，换取第二天关卡的进入资格。这些微课也是以企业产品和业务流程介绍为主，但设计中大多包含了卡通、游戏或影视剧人物等新员工喜欢的元素。而所有学习通关中积累的宝物，在项目结束前可以兑换项目特制奖品。这个项目周期也是一个月，没有强制考核措施，但是大部分新员工都完成了所有课程的学习。

A 企业和 B 企业，相似的内容主题，不同的开发思路，不同的应用手段，取得的是全然不同的结果。不知道对各位数字化学习内容开发和运营者是否有启发呢？

学习管理者的思维未完全转换

部分企业管理者自身管理和运营思维转换速度，还未赶上日新月异的互联网和数字技术发展速度。大部分企业管理者，在传统面授学习规划管理方面的能力全面而扎实，比如面授项目的开发和管理、课堂引导和管理、培训跟踪和评估、教练和辅导技术等；而在数字化学习规划管理方面的能力相对薄弱，对于平台技术的引进和评估、数字化项目的设计运营、学习数据挖掘分析、数字化课堂的组织和促动技术等，缺乏系统化学习和相关经验。少数学习管理者，理念仍然停留在"数字化学习只是面授学习的辅助和补充手段"，他们使用面授培训开发管理的方法，去开发数字化学习内容以及运营数字化学习项目，效果不好，反过来可能又进一步质疑数字化学习的有效性。

虽然最终目标都是为企业培训发展体系服务，我们可能没有意识到的是，数字化学习并不是传统学习的延伸，而是全然不同的学习方式。面对新的学习方式，或许我们要推翻先前对学习内容、过程和体验的认知，用一种全新的思维来应对。但我们的思维要如何转换呢？

一起来回忆一下，我们中有多少人，小时候使用卡带收录机学习过英语？一摞磁带并没有多少内容，而且非常容易损坏，而在当时，已经是又经济又便捷的学习方式。现在，我们的孩子已经基本上没有见过卡带式收录机，他们通过在线网站或手机 App 学习，laptop、手机或 Pad 是他们眼里最好的学习工具；他们不再对着冷冰冰的录音机，因为有真人老师指导他们，而这些老师可能远在地球另一端的家里。作为家长，我们是否质疑过：这些老师是否每次课程把牛津教材一个章节搬到网络课堂里了？这个老师是否有成熟的面授教学经验？没有。我们往往更关注的是，每次课的内容是否恰好掌控在孩子的接受能力范围，课程内容是否跟随孩子课上的反应动态进行调整，我们的孩子是否喜欢这个老师，老师的互动设计是不是足够有趣能吸引孩子……

如今的学习模式，"快速链接、随时随地、按需取得"是核心，而未来，随着网络信息技术和人工智能技术的发展，还有更多我们无法预测的可能性在等待我们。"以不变应万变"的理念在这里早该被抛弃，革故鼎新才是每个企业培训人需要时时提醒自己的使命。

既然是基于互联网的学习，作为企业的学习管理和设计者，首先必须得有互联网思维，摒弃用传统思维运作互联网学习的方法。如果我们在以下几点率先开始转变，也许就是一个好的开端。

流量就是一切，简单才是真理

没有流量，再好的平台和内容无法被发现，一切都是浪费。因此，我们在进行学习设计或运营时，必须考虑如何把员工吸引过来，确保点击率和流量。

学习者是移动的

互联网时代，学习者时刻都是移动的，他们会在不同的时间和空间学习，学习者所处的环境及其移动的速度都会影响其学习效果。内容的颗粒度大小、内容推送或活动组织的时间，内容呈现和学习过程的开展形式是否适用于移动终端、内容实施的节奏与难易程度是否使得移动状态的学员也能准确接收和参与，所有这些因素，都需要被考虑进去。

学习者有更多取得知识信息的渠道

提供学习者探索的时间和空间，让他们展示自己的探究成果，并及时给予反馈和激励。

数字化学习不是全自助学习

数字化学习不是把课程放到平台上，让员工自己选择并学习就够了。很多人认知中的数字化学习的"自由"，一定程度上是有方向的自由，高质量的学习通常是伴随数字化培训师或数字化学习教练的参与发生的。

我们能提供什么

试一试，从学习"管理"转变为学习"服务"，从提供"内容"过渡到提供"内容+链接"。让学习者不仅能获取企业有能力提供的内容，还能获取组织暂时无法提供，我们能提供学习者找到这些内容的方法或路径。

第三章

搭建运营体系，先考虑什么

第三章
搭建运营体系，先考虑什么

一个完整的企业数字化学习运营体系的搭建，并不是一天两天就能完成的，每个企业的运营环境千差万别，需要经过长期的试错和调整，才能找到适合的运营模式。数字化学习的"运营难"也体现在这里，任何一个企业很难直接照搬某个成功企业的数字化学习运营体系或模式，没有一套放之四海而皆准的方式方法。但是我们至少可以基于企业自身状况，前置性地思考一些问题。

在设计和搭建一个运营体系前，我们通常先要考虑以下三个问题：

- 企业数字化学习的运营定位；
- 企业数字化学习的应用规模；
- 企业能够投入的资金。

企业数字化学习的运营定位

不同企业的不同阶段，数字化学习运营的定位是有差异的。一开始就把数字化学习发展成主流学习形式，受到各层级领导和部门的重视和支持，对很多企业来说只是理想状态。大部分的企业是通过多年持续运营，逐渐树立内部对数字化学习的认知和信心。运营定位是数字化学习管理者基于企业数字化学习应用特征而确定的运营思路和方向，它由企业内部运营深度与广度决定。如果我们把数字化学习的运营定位做一下区分，大致可分为以下三种：

支持服务型

大部分企业数字化学习的起步阶段，其运营定位可能是"支持服务型"。"支持服务型"的运营，是将数字化学习作为一种支持性的学习模式，补充到原有以面授为主的学习体系中，当一些培训项目仅通过面授无法实现或不能确保很好的效益时，就引入数字化学习的方式。除此之外，大部分的数字化学习过程都是员工通过学习平台自主选学完成的。在这种形态下，数字化学习内容的开发和应用、数字化学习活动的设计和实施，甚至平台技术的更新，可能都没有专门的数字化学习运营团队来负责，而是由原来的面授培训部门来主导。以面授为主、线上课程为辅的混合学习项目是在这种运营形态下的典型产品。

敏捷响应型

"敏捷响应型"的运营定位下，数字化学习设计和运营团队，将会根据企业人才发展战略和业务重点，前置性的开发和储备一定量的学习内容和学习活动，并配合企业战略落地和产品业务推进等的时间节点和节奏需要，推广相关的内容，或实施相关的学习活动，以此对企业的各项学习需求做出快速准确的响应。这种响应已经有清晰标准的流程或机制，所以是"敏捷"的响应，而响应成果的质量也是比较高的。员工就不再是单纯的按需自学了，而是可以加入一些数字化学习项目中，比较精准和有针对性地去学习。在这种运营形态下，数字化学习已经独立发展成有力的人才发展支持模式，不再依附于面授培训部门，有些企业甚至将面授和数字化学习开发运营团队的人员按项目进行组合，不分彼此。

高度融合型

当数字化学习模式为高层领导足够重视，企业内部的管理者，以及广大的培训经理甚至内训师的观点高度一致，认为数字化学习可以引领企业内部学习生态转型，成为整个组织自上而下不可或缺的学习形式时，小部分企业的运营定位就开始往"高度融合型"转变了。此时，数字化学习发展团队不只是单纯的响应各种需求，而是主动开拓业务。在这种运营形态下，企业已经不会刻意区分一个学习活动或学习项目是"面授"还是"在线"抑或是"混合"的，甚至会将过往的重要面授培训项目往数字化项目方向进行转换。数字化学习设计运营团队能力足够专业，也更有前瞻性，会提前收集和分析业务战略和人才发展需求，梳理数字化学习合适的切入场景，设计最佳学习模式，制订运营计划。在计划基础上，推动各级单位与部门共同参与执行，给予相关技术和内容上的支持，即时反馈各阶段学习数据和成果，确保各项计划的高质量落地。此外，他们有能力在执行计划的同时，对来自战略高层和重要业务部门的即时需求做出快速准确的响应。比如部分数字化学习起步较早的企业，内部的学习运营团队会在每年第四季度主动调研企业高层战略和发展思路，以及各重要业务职能部门的发展重点。与此同时，也会通过数字化手段大范围调研下游分支机构中核心骨干人才队伍或相关人员的学习发展需求。最后，把这些需求整合到一起，预先制订下一年数字化学习规划，通过规划执行引领整个企业的学习模式和形态发展，提前部署战略与业务发展有关的内容与项目，服务不同人群，让目标学员在企业需要的时候，已经完成或基本完成相关学习和练习，而不是需求来到面前才开始响应。

无论是"支持服务型""敏捷响应型"还是"高度融合型"，都是企业在不同运营阶段的不同定位，它们没有好坏高低之分，只有是否适合企业当前数字化学习发展环境的区别，适合的就是好的。毕竟在任何一个企业里，数字化学习的运营从来都不是一件简单的事情。从大部分的员工从小到大的学习以及成长背景来看，大家并不一定都是跟随移动互联网一起长大的。"90后"甚至"00后"的年轻员工可以非常快速的适应数字化学习模式，但是对于"70后""80后"来说，要转变自己的学习习惯，并不是一朝一夕的事情。同样，企业的规模大小跟企业的业务战略发展并没有特别直接的关系。有些企业虽然规模小，但是它的业务发展节奏非常快，这就需要我们在运营中快速应变，准确判断趋势，提前部署相关的学习任务。因此，清晰的自我认知能够带领我们所在的组织选择当前最合适的定位，持续深度运营，使数字化学习的运营效益最大化。

第三章
搭建运营体系，先考虑什么

企业数字化学习的应用规模

一个企业的数字化学习应用规模，会直接影响运营体系的架构。这里的规模，指的是用户体量。举个简单的例子，一个五千人使用量的企业和一个五万人使用量的企业，对数字化学习的服务的网络带宽、技术架构、学习应用、跟踪管理等要求大概率是不同的，在运营方式上则差异更大。通常来说，应用规模越大，运营强度会更高。注意，这里是"强度"而不是"难度"，因为再小的企业，想要将数字化学习运营好，都不是一件简单的事。对于人数多，应用规模大的企业，其庞大的学习内容量和学习活动覆盖率，需要靠深度运营来实现，也意味着企业需要投入更多的人力物力和财力。想要引进一个平台便实现一劳永逸的员工自学，在任何一家企业都行不通。

为了应对高强度的运营，目前很多规模较大的企业使用的是分级运营模式。即总公司或总部承担平台引进、适用全公司的内容开发维护、面向全公司的学习项目及活动的设计运营等，下属各分支机构则承担本级单位内部适用的内容开发维护、学习项目及活动的设计运营。有些子公司或分支机构甚至有权限独立采购或引进额外的学习平台或学习工具，以满足自身内部的特殊应用需要。

分级模式的优势在于各级子公司或分支机构拥有高度的自主权，对其自身内部的需求能够做出快速反应，从而开发和实施高针对性的内容与项目。

而分级模式最明显的缺点是，各分公司和分支机构间可能会有重复开发的问题，消耗大量不必要的成本。同时，对普通员工而言，要关注自上而下各个层级推送的不同内容和项目，一旦运营导向不清晰或秩序未跟上，员工会觉得无所适从。

除了层级多规模大的企业外，一些总部在国外，分公司在国内的外企有时候也会采取这种分级运营模式。比如国外的一些学习资源和平台不是非常适合国内员工的学习习惯和需求，国内公司就会额外开发或引进一些本土的学习技术或内容资源。

除了分级运营，集中运营模式在企业中也是比较常见的，即所有内容的开发维护、学习活动的设计实施都由总公司统一负责，下属分支机构只承担内部学习管理职能。

集中运营模式的优势是成本管理相对可控，不会有重复开发的问题，面向员工的学习活动组织和推送也更加有序。

其缺点是最高层级的运营团队离一线需求较远，可能带来响应周期长、针对性不高等问题。而运营团队的压力也往往会很高，需要配置更多人手甚至外包团队才能实现高质量的运营。

很多中小型企业或扁平化管理的企业都倾向采用集中运营模式，相对来说管理简单、成本更低。

从管理职能上看，国内大部分企业目前使用的是向下兼容的模式，每一级均会配置相应的专职或兼职管理者，跟踪管理本级单位及其管辖范围内所有分支机构的学习需求、管控学习质量和跟踪各项学习数据等，并提供相应的学习支持服务。这种体系，对于多级组织架构的企业，是向下释放管理压力比较可行的方法。对于一些应用规模比较小的企业，扁平化管理是最灵活高效成本也比较低的管理模式。

无论是集中运营还是分级运营，都需要数字化学习体系中不同角色的支持，比如分级运营的企业，每个级别有不同权限的管理者，而有些用户可能身兼管理者和学习者双重职能。内训师、教练、助教等角色也会跟随学习管理的需要出现在学习体系中。伴随而来的，是一个用户身兼数个角色的可能性。大部分数字化学习平台目前已经能够灵活定制不同角色的权限范围，允许用户在多个角色之间自由切换，满足大家不同的应用诉求（如图3-1所示）。

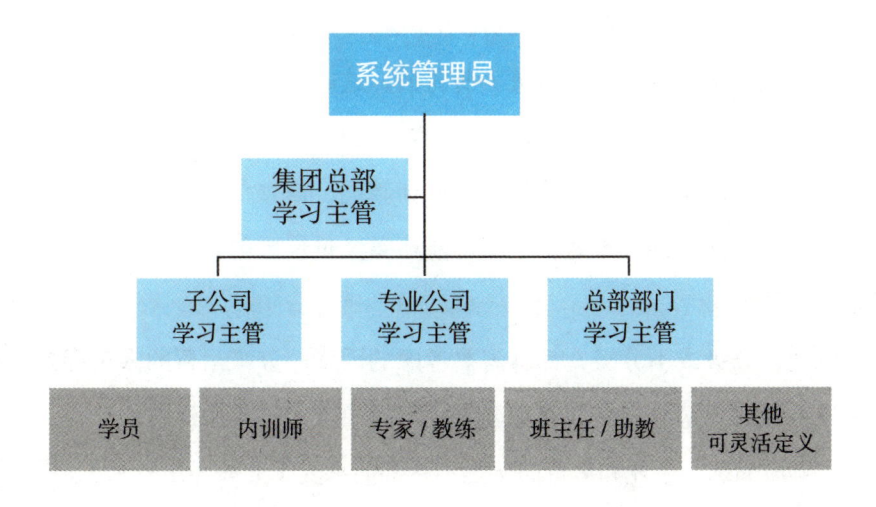

图3-1　某集团企业的数字化学习分级角色

企业采取集中运营还是分级运营管理，通常是综合各种因素决定的。

如果要分级，人员配置是首要考虑的因素，每一个级别都需要配置相应的运营管理人员；其次还有重复开发的问题，需要用什么机制避免各级单位重复开发相同或相似的内容，引进相同的技术，就像很多通用性的学习内容，包括产品业务、企业文化之类的，各级单位可能都会开发，造成资源浪费的问题；最后，项目统筹的手段也要想清楚，比如新员工学习项目，每个单位都在做，其中通用的模块的目标要求是高度相似的，完全可以通过合理的项目统筹，借助数字化学习的覆盖和传播优势共享给更多分支机构。

如果要集中运营，也要考虑几个因素，包括工作量、运营针对性和响应周期的问题。

工作量的问题在于，集中意味着把所有的运营管理包括内容和项目的策划等，全部放在组织最高层，工作量非常大；此外，员工的学习进度和学习效果等相关数据的跟踪工作，也全部由这个部门分析处理。

而在内容和项目的针对性方面，运营者可能并不是足够了解基层的员工、基层的业务、基层的市场、基层的技术、基层的产品，所以开发的项目也好，内容也好，是不是真正为一线员工所需要，这需要深入调研去解决。但是学习内容的供需链条比较长，调研的成本也比较高。

关于响应周期的问题，从最高一层到基层，信息传递的时间周期，实施执行逐步覆盖的周期都不短，中间可能还要经过层层的转达与信息衰减，也需要考虑进去。

因此，分级或不分级，都有需要考虑的因素。分级运营的人员配置、重复开发、项目统筹要提前部署配套资源与解决方案；集中运营的工作量、针对性与响应周期，企业和运营团队是不是都能承受（如表3-1所示）。

表3-1 部署集中或分级运营需思考的问题

集中运营模式	分级运营模式
工作量	人员配置
针对性	重复开发
响应周期	项目统筹

企业能够投入的资金

数字化学习的运营一定是有成本的，无论是技术研发、内容研发还是执行层面，都需要资金支持。每个企业能够投入该领域的资金成本差异很大，有千万级的企业，也有十万级、寥寥数万甚至更低的企业。足够的资金能支持更加先进的平台技术应用、更多样精准的内容研发，以及更加精细化的运营服务。但是对于大部分中小型企业来说，能够用于数字化学习运营的资金普遍偏低，这意味着要把成本放到最重要紧急的刀刃型项目和内容上，用在必要也能创造最大效益的事物上。比如说，我们的成本有限，就不急着开发大而全的内容体系，而是把大部分成本都投入在企业内部最受重视、能够给企业带来最高业绩的人员群体，比如各级经营管理者、产品研发人员、大客户销售人员等；专注这部分人群的学习内容开发。同样，支持这部分人员快速成长的刀刃型学习项目，对研发和运营的要求也很高，也需要资金的支持。

技术迭代方面，成本有限的前提下我们要更谨慎一些，不要赶潮流，不需要跟风，把当前所拥有的平台和技术用好，充分挖掘和发挥数字化优势，才是硬道理。

对于很多企业而言，数字化学习所产生的运营工作量是非常需要成本支持的，一方面，优质的运营事务处理能力决定了运营品质；另一方面，企业可能需要为"优质"二字带来的巨大价值额外耗费成本，这些成本又很难找到相应的资金出口。这时，我们或许可以通过一些运营机制的完善，发动数字化学习体系中群众的力量。比如，社会化学习的场景下，有很多员工有成为企业内部知识 IP 的意愿和目标，他们愿意参与进来成为我们数字化学习项目的引领者或内容的开发提供者。而各个级别的培训主管可以成为我们事务性工作任务的承担者或分发者。一些内训师也可以成为数字化教学的实施者或内容创造提供者，这就需要一定的机制和政策为导向，并通过相应的激励手段，促织这部分人员积极投入。

资金充裕的企业，可以把很多事务性工作外包出去，这样，内部运营团队可以潜心研究各项技术、开展业务和数据分析、搭建体系方法论等，并于各类学习项目中创新实践。而资金少的企业，意味着较小的实践阵地和较多的事务性工作。

诚然，投入成本决定运营力度，但在我见过的大部分企业，虽然资金支持对运营质量有较大影响，但并不代表低成本运营一定没有成效。表 3-2 体现了很多企业在不同成本预算下的运营选择。

表 3-2　企业在不同成本预算下的运营选择

运营任务	高成本	低成本
内容开发	大而全	少而精/员工参与
技术迭代	引领	谨慎
项目运营	高覆盖	强聚焦
事务性工作	外包	自己干

对于大部分成本不够的企业尤其是中小企业而言，内容开发的成本问题一直是运营中的焦点难点，没有足够的费用支持他们用数字化内容大范围覆盖岗位和专业，正如前面所说，这些企业通常聚焦重点人群、重点业务、重点产品线进行内容开发。此外，也会通过一定程度的赋能和引导，推动业务骨干和专家等加入数字化课程的开发阵营，使得成本大大降低。而在技术迭

代方面则显得更为谨慎，不太会随意引进各种先进数字化学习技术，而是确保当前技术或功能能够被深化应用。在项目运营方面，这些企业每年聚焦两到三个特别重要的项目深入运营，而其他项目尽量采用比较简洁的运营设计，降低运营工作量和成本。对于运营中不可避免的事务性的工作，尤其是一些简单重复型的事务性工作，这些企业往往会选择内部消化，比如发动各部门和内训师团队的等力量，共同应对一些对运营要求较高的项目活动。

第四章
如何搭建企业数字化学习运营体系

企业数字化学习运营全景图

当我们确定了运营定位、规模，盘点过可用资金以后，就可以着手规划和搭建运营体系了。不同的企业，由于其企业属性、组织架构、所属行业和发展阶段等差异，学习管理体系的差异是比较大的，这也导致数字化学习的运营体系差异。这里仅提供一个企业数字化学习运营体系的参考框架（如图4-1所示）。

图4-1基本包含了企业数字化学习运营通用要素与相关任务，通用要素包括战略部署、平台技术、内容资源、人、学习项目和学习活动、基础保障等。

本书第四章的内容，将基于这样一个相对比较完整和全面的体系展开，并就如何在其基础上运营深耕进行探讨。

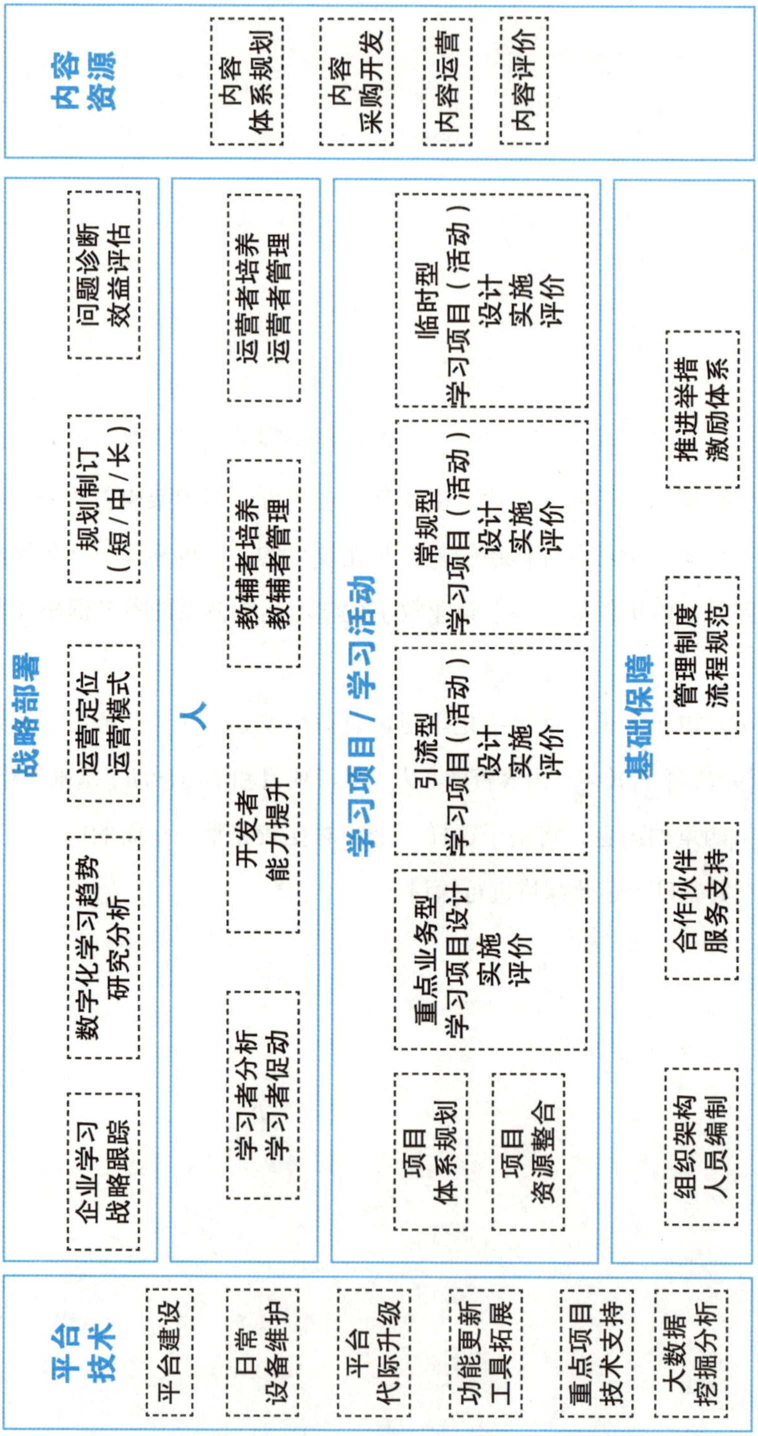

图 4-1 企业数字化学习运营体系参考图

内容资源
- 内容体系规划
- 内容采购开发
- 内容运营
- 内容评价

战略部署
- 企业学习战略跟踪
- 数字化学习趋势研究分析
- 规划制订（短/中/长）
- 运营定位 运营模式
- 问题诊断 效益评估

人
- 学习者分析 学习者促动
- 开发者能力提升
- 教辅者培养 教辅者管理
- 运营者培养 运营者管理

学习项目/学习活动
- 项目体系规划
- 项目资源整合
- 重点业务型学习项目设计 实施 评价
- 引流型学习项目（活动）设计 实施 评价
- 常规型学习项目（活动）设计 实施 评价
- 临时型学习项目（活动）设计 实施 评价

基础保障
- 组织架构 人员编制
- 合作伙伴 服务支持
- 管理制度 流程规范
- 推进举措 激励体系

平台技术
- 平台建设
- 日常设备维护
- 平台代际升级
- 功能更新 工具拓展
- 重点项目技术支持
- 大数据挖掘分析

38

第四章
如何搭建企业数字化学习运营体系

战略部署

在整个数字化学习运营体系的顶端，一定是战略部署。战略部署指的是基于组织整体需求，部署数字化学习的目标、模式与发展方向。它由企业学习战略跟踪、数字化学习趋势研究分析、运营定位与模式部署、运营规划制订和问题诊断及效益评估系统组成。战略部署直接决定了一个企业数字化学习运营的方向、广度和深度，如果顶层设计出现偏差，则会"失之毫厘，谬以千里"。

企业为什么引入数字化学习模式？难道只是简单地解决某些时候线下无法开展培训的问题？可能很多人会说，是为了解决企业培训成本高、工学矛盾突出的问题，或跟着趋势走，赶个潮流。其实赶潮流也算是目标之一，因为"赶潮流"一定程度上就是赶上互联网时代的步伐，转换我们的学习思维与模式。当我们综合分析引进数字化学习的目标时，相当于是一个战略规划的起步，更重要的是跟企业整个人才发展战略或学习战略结合考虑，数字化学习平台从来都不是独立发展的，其引进与应用必定是整个企业学习体系的组成部分，并带动企业学习的数字化转型。实质上，很多企业确实把数字化学习作为培养数字化人才的主要形式，而数字化人才的培养，是企业数字化转型的基础。

作为运营人，必须避免盲目运营的现象，把平台技术和各种学习内容运作得既酷又炫，看上去很美，却完全没有为企业人才的培养、企业学习体系的发展、企业业绩目标的达成做出任何贡献，这属于无效运营，把数字化学习玩成了"自嗨"。因此，我们必须时时关注企业所关注的重点业务、重点产品、重点人群，将有限的资源投入到企业最核心的培训发展任务中，才能使价值最大化。

企业学习战略跟踪

战略规划层面，我们首先要关注的是整个组织的学习战略是怎样的，再思考数字化学习于企业学习战略而言，应该处于什么位置、承担什么职能、发挥哪些作用。这样才不会导致在后继运营过程中，出现过往传统的基于面授的学习发展体系与数字化学习体系分开发展，各自独立的局面。相互补充，深度融合是当前整个企业学习体系逐渐向更加现代化的新型学习体系发展的基础。

如何进行企业学习战略跟踪呢？我在企业中进行数字化学习运营时，每年切入企业整体学习体系的视角（如图4-2所示）。

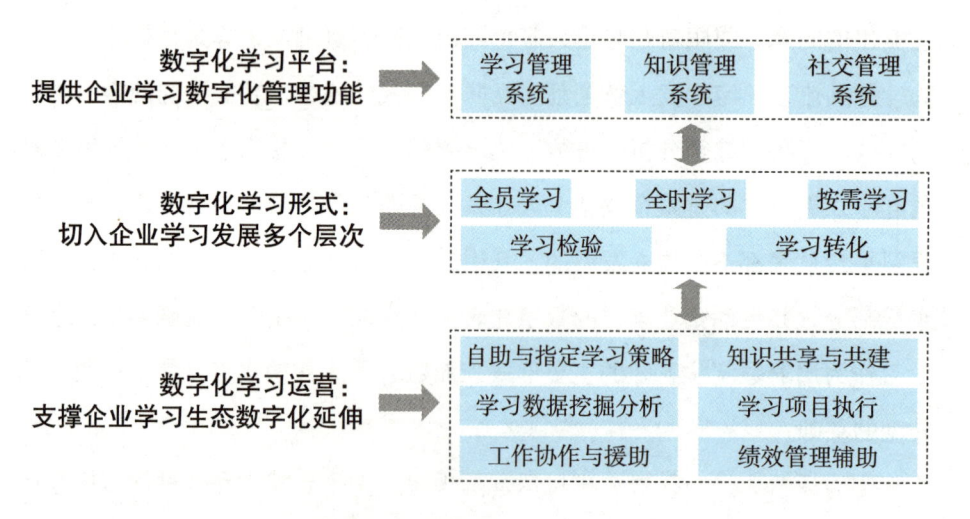

图4-2 数字化学习在企业整体学习生态中的切入点参考图

可以看出，运营团队关注了企业整体学习战略中的学习管理、学习形式以及学习运营三个层面，考量这三个层面近期和远期的发展需求，将数字化学习充分渗透，发挥其优势作用，从而协同促进企业学习战略整体发展。有些朋友可能会有疑问，如果这样做，是否数字化学习就一直都是过往传统学习体系的补充，无法起到主导甚至引领作用。其实不然，因为数字化学习在其中起到的作用取决于其渗透的广度与深度。如果我们的企业无论在学习管理、形式还是运营方面都呈现出高度的数字化智能化，那就意味着数字化学习已经发挥其主导作用了，不是吗？

在企业学习战略跟踪过程中，我们尤其要关注以下几点：

1. 紧跟企业战略发展方向，及时响应

企业的战略发展或业务转型，会对各级管理者和员工的能力提出全新的挑战。数字化学习平台作为企业智库的良好载体，应该为企业转型提供强有力的支持，这就要求：数字化学习管理部门的行动领先于学习者的学习需求。我们要参与到转型相关的会议和研讨活动中，主动收集和研读相关资料，在高层领导决策出台的同步已经储备好各种内容素材，才有可能在各级单位需要转型相关的培训时第一时间提供各种学习课程与项目。

整个体系中要有良好的战略跟踪响应机制，才能充分发挥数字化学习的战略支持价值，同时也能使数字化学习更好地为企业未来发展提供全方位服务。

2. 关注企业重点业务，提前部署

关注企业重点业务，第一是新业务。大部分企业的产品和服务是在不断升级更新的，这也对相关岗位的员工能力提出新的要求，企业通常也会在新业务推广时期进行广泛的培训。"广泛"二字背后是覆盖率的要求，而这恰恰是数字化学习的强项。一般我们建议新产品新业务新流程新服务开发的同

时，培训内容应当同步准备和制作，培训项目同步策划和实施，甚至为新业务在数字化学习平台中开辟主题专栏，深度运营，提供强力支持。尽可能在新业务推广之前启动培训，确保员工已具备新业务推广和服务的能力，这是数字化学习渗透业务发展中的重要途径。

第二是企业的核心业务。为企业带来最大收入的业务板块，也就是核心业务板块，往往需要投入最大的培训成本，这就需要我们密切关注企业核心业务发展动向，比如产品的升级、服务的升级、流程的优化、技术的更新等。甚至需要培训部门比下属部门、子公司或分支机构更早了解到这些信息，以便提前部署与开发相关培训内容。

3. 聚焦企业重点人群，开辟专栏

对于企业特别关注的重点人群，比如各级领导者、核心产品研发生产者、重点产品销售者、核心服务实施者等，我们建议通过数字化学习方式为他们提供持续不断的学习内容或学习活动，使他们的能力与时俱进，能够随着市场环境或业务变化快速应变，保持战斗力，提高业务水平。

4. 立足企业学习战略，相辅相成

通常来看，引入数字化学习的企业，都具有推动企业学习的数字化转型的意愿。而企业学习的数字化转型，绝不是开发一些数字化课程，实施几个数字化项目就能解决的问题，而是自上而下的意识、文化、制度、流程的全面转型。背后是审慎而定的推动计划、日复一日地宣传浸润、高质高效的内容与项目渗透和有效的政策制度引导共同构建起来的。

当然，一味地宣传数字化学习价值和效益，让大家参与到数字化学习过程中还不够，还要带动企业学习文化的转变，在任何企业，这都不是一朝一夕就能看到效果的。我们需要做好打"持久战"的准备，用数字化手段服务

于企业学习战略发展，带动整个学习战略的数字化转型。

数字化学习趋势研究

在企业数字化学习战略部署过程里，服务企业业务战略和人才发展战略是首要原则，与此同时，我们仍然要意识到，数字化学习的背后是数字化信息和移动互联网技术，其发展速度可能远远高于我们的认知。新技术与企业学习的应用结合，是我们更应该关注的方向。因此，我们必须打开思路，常态化研究分析数字化学习行业发展趋势，保持一定的先进性和前瞻性，才能拥有对新型技术的鉴别和应用能力。

目前来看，无论是培训行业还是数字化教育行业，都不缺各种信息交流渠道，比如各种书籍、产品发布会、论坛、社群、沙龙、研讨会甚至是专属的培训，内容提供方多来自一些供应商与机构，同时也会邀请到一部分已经"吃螃蟹"的新技术践行企业代表来做分享交流。因此对于很多培训管理者来说，我们可能并不缺乏信息的输入，很多人能对各种新型数字化学习技术的术语或概念张口就来，解释得头头是道。但摆在我们眼前的问题是：

- 当今有哪些主流数字化学习技术已经为企业所用？
- 新技术那么多，哪些适合我们自己所在企业的现状？

抛开当前大家熟知的AI、VR、AR、直播、录播、微课、大数据、自适应学习、智能陪伴学习等都是近几年新晋非常火热的概念。此外，还有诸如学习地图、游戏化等学习技术与数字信息化技术的结合。当如此众多的新型技术迎面而来时，我们要先了解这些技术的目标用途与优势，再立足企业下一步数字化学习战略，斟酌哪些技术可以帮助我们解决近期和中长期的哪些问题。技术没有好坏，只有适合与不适合，用最少的投入取得最高的应用价值，是我们引入新技术的根本。

无论我们选择了哪些新型技术与功能，建议先考虑以下几个问题：

问题 1：新技术或新功能的引入，可能会遇到哪些障碍，我们是否有能力排除

在新技术功能选型时，我们必须高度关注引入的技术与企业本身已有平台或技术的兼容性，如果要使新技术无缝接入到企业整个数字化学习体系中，有哪些障碍需要排除？我们需要投入多少成本去排除？排除的周期可能有多长？对其它数字化学习业务的影响有多大？

举个例子，企业 A 想在数字化学习平台中增加绩效跟踪的功能，以此观测员工在接受培训后的绩效变化，那就必须把学习管理平台与 HR 平台打通实现数据共享。但是该设想在实现之前，企业必须考虑以下问题：

- 学习平台的数据库和 HR 平台数据库底层的架构和逻辑差异，需要用怎样的技术方案去解决；
- 双方数据同步的时间与同步机制如何设计，比如 HR 端的人员变动怎样同步到学习平台的用户数据，反向是否可能；
- 人员数据的安全性和保密性在两个平台打通后是否仍能保证；
- 从学习平台端获取员工的岗位变动和绩效数据等，会对 HR 平台的运行稳定性产生怎样的影响；
- 所有这些问题的排除需要投入多大的人力物力以及时间。

如果以上这些问题的排除将会对两个平台的正常运营产生较为严重的影响，或许企业就要换个思路选择其他途径实现同样的目标。

问题2：一旦我们引进了新型技术与方法，内部后继是否有专人运用，可能产生多少回报

这是一个非常现实的问题，大部分企业没有专门的数字化学习运营团队，数字化学习运营人员可能身兼数职，没有太多精力对新技术进行深化应用。对于这样的企业而言，如何将已有的技术与功能发挥出最大效益才是更加实际的选择。所以，每次新技术的引进都必须谨慎，避免投入巨大而收效甚微。

问题3：新型技术的提供方，是否有可持续发展的能力，不断迭代和更新相关产品

市场上各种数字化信息技术以及学习产品的供应商非常多，作为数字化学习运营者，如果我们不具备相应的鉴别能力，很可能会面临各种技术和应用的风险。以下三点是我们必须谨慎判断的要素：

- 供应商的相关技术与产品是原创、引进还是代理，如果是引进或代理，上游供应商的资质和技术是否可靠；
- 供应商本身是否具备相应资质背景与经验，确保能提供较为完善的应用支持与服务；
- 供应商是否有专门团队负责相关技术的后继升级与运营。

否则完全依靠企业也就是使用方自己的能力，很难实现强有力的应用保障，充分发挥新技术效益。

基于上述问题，很多企业在引入新技术方面确实比较谨慎，为了降低风险，小范围试点或许是比较好的开始。比如阿斯利康投资（中国）有限公司将AI技术引入到业务团队能力测评和能力开发，就是以DSM（一线管理者）为试点人群，逐步完善后才大范围用于销售团队。

总而言之，数字化学习技术跟随移动互联网和数字信息技术同步发展，其步伐可能越来越快，且永无止境。我们无法做到完全跟随，更不能盲目引进。只有放开视野广泛了解与研究，理性审视和判断，才能将恰到好处的管理方法、技术手段和工具引入企业，使数字化学习运营事半功倍，为企业人才培养发挥应有的作用。

运营模式定位

前面我们说过，企业不同，运营模式和运营重点的差异很大，作为运营管理者，我们需要根据企业数字化学习发展现状、应用规模、可用成本等做出运营模式的规划，比如是仅面向企业内部服务还是同时面向内外，其盈利模式是怎样的，该阶段以被动式业务响应为主还是以高度融合的主动服务为主，由谁主导整个运营方向，运营风格是偏严谨的管理型还是活泼的服务型等等。

对于企业来说，我们数字化学习运营的对象是"to B+C"的，无法简单归结到这个体系或平台是 to B 还是 to C。一方面，我们为员工个人成长服务，另一方面，我们也为各级分支单位或业务部门服务。因此，在运营模式设计上，要兼顾 C 端和 B 端的需求，有些企业大学甚至还要服务企业外部的客户对象，那就要兼顾企业内外两类不同客户的需求。这也是为什么企业的数字化学习运营都比较复杂的原因之一。

前面我们提到，目前常见的企业数字化学习运营定位分为支持服务型、敏捷响应型和高度融合型三种，从运营深度上来说是由浅到深的，我们需要投入的成本和精力不同，但他们都是企业内部客户为主要服务对象的运营形态，比如分支单位或业务部门。企业的数字化学习运营，最终目标确实是服务企业，实际上我们在分维度分项目分产品运营的时候，经常会更多考虑终端用户，也就是员工。比如我们设计一个数字化学习项目，其目标对象是某一个专业岗位的员工群，那我们在设计时就要全面关注这个员工群的学习偏好与诉求，这将直接反映到项目的包装宣传、组织模式、内容的呈现方式和推送机制、相关激励措施等。这些要素看似简单，实则关系到项目的交互界面、学习内容的策展方式、项目的管理手段等。

如果企业的数字化学习除了面向内部服务以外，同步提供对外服务，其运营复杂度将会大大提高，因为这将牵扯到内部用户与外部用户的需求矛盾的平衡问题。比如从企业的角度来讲，可能非常关注学习的步调一致性，而外部用户可能更关注项目的自由进出；内部员工可能关注与自身岗位或能力相关的高度专业的内容，而外部客户可能更关注其是否能通过平台链接更多学习和社交资源。此外，企业的数字化学习平台是否具备对外服务的费用支付功能，是很多对外运营的数字化学习平台面临的比较棘手的问题。

现阶段，部分内外同步进行数字化学习运营的企业，会选择进行平台与运营的隔离，将对内和对外运营部署到两个独立的平台，并分别由两支不同的团队来负责运营，如平安集团的"知鸟"学习平台，在物理上，平台的功能与数据均部署于平安集团的云端服务器，但对内和对外是做了数据区隔的；其对外运营和对外运营是两个不同的团队，对内以赋能为主，各级培训管理者均会参与其中，对外则以客户导向的业务拓展与服务支持为主，并根据客户层级提供差异化功能与服务，像VIP客户就享有更多的高端功能与配套服务。

对于某些企业，数字化学习平台可能会向更多的用户群体开放，比如供应商、代理商、同行业学习者甚至有意向进入该企业的大学生与社会人士等，运营的复杂度会更高，投入的人力物力财力也一定更多。这时，我们需要充分考虑投资回报问题，也就是说，面向每种用户群体开放的目的是什么，可能涉及哪些成本，会带来哪些收益，这些收益是什么性质？对企业的影响是什么？比如是行业影响力、社会价值、业务收入、客户维系、用户规模拓展还是其它。除了以数字化学习为主营业务的企业，我们一般都建议企业先建立与完善内部学习体系，在有余力的前提下再考虑扩展更多用户。

规划制订

对于战略部署工作而言，整个数字化学习体系不同时期的运营规划是绕不开的话题，企业可以制订一年期的短期计划，也可能直接部署三到五年的滚动式规划等。一般我们不推荐制订时间跨度特别长的规划，因为互联网和数字信息技术发展太快了，而企业的业务发展速度也往往超出我们的预测。特别长期的规划，本身在制订时耗时耗力，后期调整的可能性和因此发生的调整量都太高，指导意义不大。

那如何进行规划制订呢？短期与中长期规划制订的方式有所不同。

短期规划重点围绕当前比较重要的业务，解决当前比较紧迫的问题，以项目、内容、产品、流程等规划为主。而中长期规划则需要放眼长远，考虑企业同步时间段的业务战略和人才发展需求，自上而下进行设计，甚至要考虑整个数字化学习生态的调整或重组，这需要对整个数字化学习运营体系中的所有关联因素进行规划，包括战略方向、组织结构、功能布局、人员配置、关键产品、关键指标、能力配置、保障体系等。这样的规划，仅仅依靠人力或培训部门是无法制订的，必须自上而下把各级领导者、所有关键业务部门、培训管理者以及数字化学习运营人员全部调动起来，共同商议取得一致。

这里，我们以一个企业引入数字化学习后第一年的运营规划为例，进行短期数字化学习业务规划的说明。

案例

某企业数字化学习的一年期运营规划

某企业引入数字化学习平台后第一年试运营，除了平台刚上线时期流量达到预期外，后继持续流量明显不足。平台运营工作暂时由两位人力资源部的培训主管兼任，他们平时既要策划组织线下培训，还要兼顾线上培训运营，觉得心有余而力不足，要怎样才能用比较少的投入换取相对持续稳定的线上学习流量，激发平台活力，成为迫在眉睫的问题。

经过对平台第一年运营的分析，我们发现以下几个问题影响了运营质量：

1. 数字化学习没有很好的支持企业战略和业务发展，因此相关领导的认可度和支持度较低；

2. 数字化学习运营与原有的培训业务脱节，面授培训和线上培训基本隔离，因此相关业务部门参与度较低，同时培训主管要兼顾两种类型的培训开发与管理，工作量大；

3. 该企业是一个集团型企业，总部的培训主管与各分支机构的培训经理在数字化学习运营上的职责不清，总部对分支机构没有明确的指导，导致分支机构缺少积极主动的应用推广意识，因此大量的工作压在总部，效率低下；

4. 培训管理团队对每年的数字化学习运营目标并没有清晰的计划，基本以响应各种临时性需求，或"跟着时髦走"，也就是业界流行什么，就做什么。其他企业组织微课大赛，他们也组织；其他企业把新员工培训设计成数字化项目，他们也试着把新员工培训放到线上。在对标行业先进和对新技术的应用上，同样存在学习对象的随意性和技术考察的盲目性问题。

基于以上主要问题，我们通过一轮调研和一次小型"数字化学习规划工作坊"，初步为其设定了下一年的数字化学习目标，厘清了不同层级机构的运营职责，明确了下一年要开展的各项工作，并对这些工作任务进行了分配，划定了各项任务的完成指标，使得下一年各层级都有了清晰的工作指引。

整个工作的开展过程，我们借助的是企业战略规划方法论，结合数字化学习运营特点做了融合设计，基本步骤如图4-3所示。

我们可以看到，如果要对企业数字化学习的运营进行较为完整的规划，总共需要走过六步。

第一步：明确定位。要先明确数字化学习的战略定位，即企业引入数字化学习，到底是为了解决哪些问题，期望获得哪些结果。这一步，需要通过调研高层管理者、数字化学习关联群体和核心决策人的想法，并对各方面获取的信息进行归类整理和排序，梳理出优先级最高的几个期望，通常建议大家第一次做规划的时候，最终想要达成的期望数量不要太多，控制在五个以内，避免成本和精力过于分散。

第二步：设定目标。这一步我们要把梳理出来的期望转换成策略性目标，即行动方向。这一步，需要考虑当前企业学习生态结构，对未来数字化学习服务的对象进行分析，同时也要对我们目前的优势、劣势、机遇和问题进行SWOT分析，扬长避短，尽量把数字化学习战略与企业学习生态融合，避免未来"两张皮"。经验告诉我们，分离式发展的数字化学习是永远不可能得到高管和业务部门支持的。目标的设定，必须有相关部门和执行人员的共同参与，

第四章 如何搭建企业数字化学习运营体系

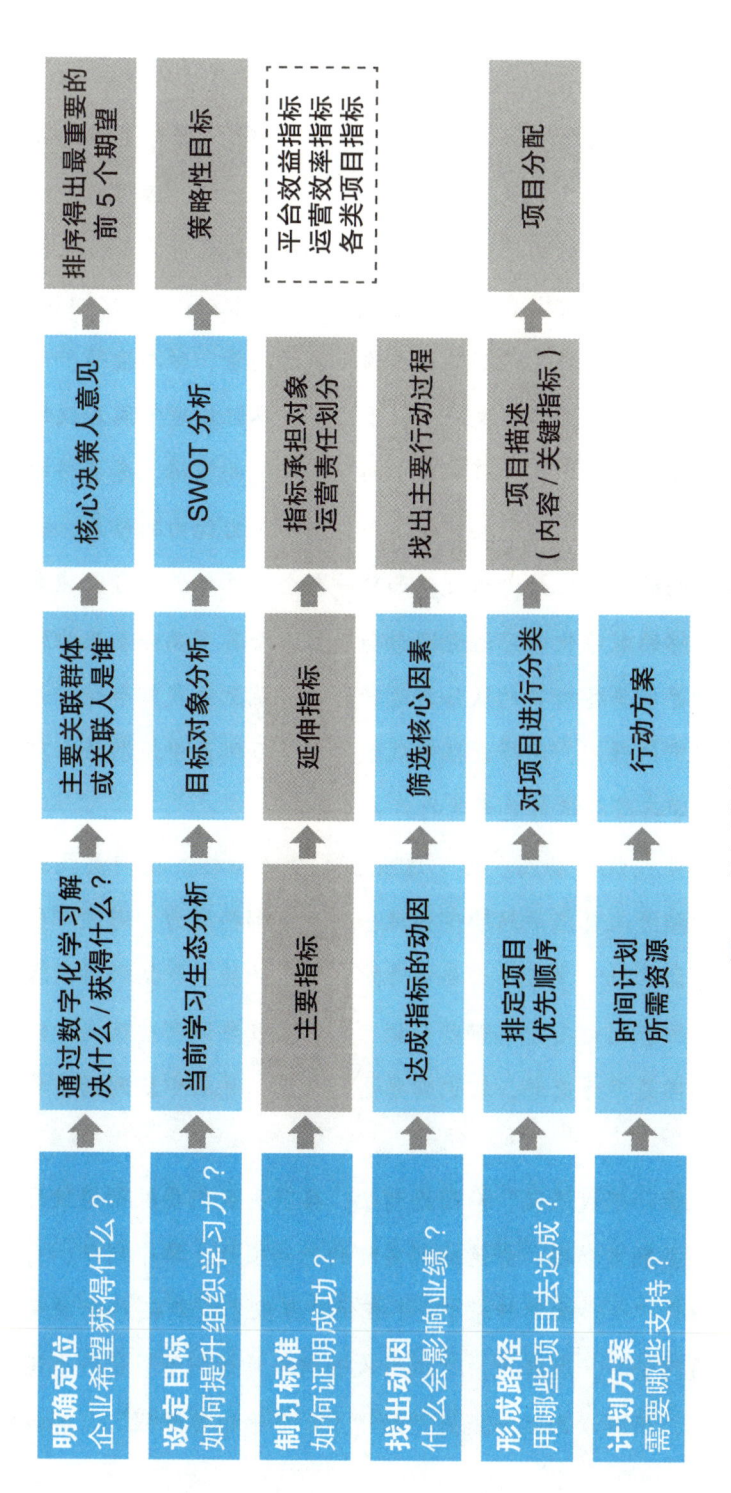

明确定位 企业希望获得什么？	通过数字化学习解决什么/获得什么？	主要关联群体或关键人是谁	核心决策人意见	排序得出最重要的前5个期望
设定目标 如何提升组织学习力？	当前学习生态分析	目标对象分析	SWOT分析	策略性目标
制订标准 如何证明成功？	主要指标	延伸指标	指标承担对象运营责任划分	平台效益指标 运营效率指标 各类项目指标
找出动因 什么会影响业绩？	达成指标的动因	筛选核心因素	找出主要行动过程	
形成路径 用哪些项目去达成？	排定项目优先顺序	对项目进行分类	项目描述（内容/关键指标）	项目分配
计划方案 需要哪些支持？	时间计划 所需资源	行动方案		

图 4-3 某企业数字化学习运营规划步骤图

51

大家目标一致，才可能对后继针对目标的各项项目与举措共同认可。

第三步：制订标准。这一步，建议通过相关人员的共创达成。针对策略性目标，我们将其转换成可以衡量的指标，应对数字化学习的特点，相关指标体系中，要包含平台效益类指标（如投入产出比）、运营效率类指标（如活跃度、覆盖率、回访率、内容增量等）和初步的项目类指标（比如某一类项目的访问量、参与度等），才能全面衡量运营成果。在这一步，千万不要忘记梳理不同层级的学习管理者在整个数字化学习项目中的职责和相关指标。完善科学的运营体系，需要从上到下共同的参与，包括智力能力的储备，也包括实施层面的参与。换句话说，如果一个企业总部的学习管理者已经具备足够的数字化学习运营理念与能力，而其下属分支机构的学习管理者并不具备对等的认知与运营能力，就无法在整个运营体系中发挥应有的作用，同样也很难从数字化学习体系中汲取原本可以支持本级学习管理运作更出色的力量。

第四步：找出动因。为了达成各类绩效指标，我们要找出驱动因素。相关人员应该转换哪些理念、具备哪些能力、通过哪些行为过程才能达标？学习平台要提升哪些技术功能、积累哪些内容才能达标？配套制订要完善哪些条款、激励政策要做哪些改变才能达标……动因是多方面的，我们需要全局考虑，并从中找到最重要的因素。

第五步：形成路径。动因找到了，接下去我们要探讨通过什么样的路径去触发动因，并落地到实际的行动项目。举个例子，当我们分析出来"平台需要新增100个营销类课程才能带来2500次营销人员的访问量"，这其中，"2500次营销人员访问量"是一个运营效率指标，而其动因之一就是"新增100个营销类课程"，那我们就可能需要安排一到两个项目去生成100个实用的营销课程。在这一步必须要提醒每一位运营者，我们可能会梳理出很多项目，但是我们的人员配置和成本都很有限，这时就需要再次聚焦最重要的、对达成指标最有推动力的项目先行计划与执行。

第六步：计划方案。这一步是从战略规划到具体行动计划的一步，也是推动落地的一步。我们需要把每个项目进一步具体化，定义其执行时间、初步方案、关键指标、责任部门、责任人、需要提供的支持等，为后继完善成具体项目执行方案做准备。

基于上述六步，我们对案例中提到的企业的问题做了应对性规划，在接下去的一年中，他们的HR部门多方听取企业高层和业务部门的声音，设定下一年的运营目标和指标，包括平台激活、知识库管理、相关运营人才培养，并根据企业重点业务发展方向部署了多样化的学习提升项目，在这个过程中，也清晰划分了不同层级的培训经理的职责，项目得到了有效分解。通过近一年实践，获得了区别于过往的支持与好评。

问题诊断与效益评估

我们不能排除企业设定的运营模式和规划可能出现一些小小偏差，甚至出现运营瓶颈，即某个时刻停滞不前，这时，运营团队要能够使用科学的工具或方法，对问题做出诊断，排除障碍，推动整个运营体系健康持续运作下去。

但如何诊断问题，背后需要有一个可以参照的标准，才能探测出具体出现问题的关键点。通常，我们可以从以下五个方面设定评估标准，包括：

- 规划：企业的数字化学习规划是否服务企业战略、业务、人才发展，是否与企业数字化学习经营能力匹配。

- 技术：企业的数字化学习技术应用是否能支持规划中的发展需要，并能在一定程度带动内部学习管理水平提升。
- 内容：企业的数字化学习内容是否覆盖所有重要业务领域和相关层级，能够服务核心岗位与专业人才队伍培养；是否符合数字化学习内容特点。
- 管理：企业的数字化学习管理体系是否能够为规划中各项学习业务和学习产品的研发和推动提供保障，包括岗位设置、人员配置及相关制度等。
- 推动：企业的数字化学习推动系统是否具备有效的推广促动手段和相关激励措施。

表4-1展示的是部分可参考的诊断项。

表4-1 部分可参考的诊断项

维度	可参考项			
	组织层面	人力资源	学习体系	IT支持
规划	数字化学习定位与企业发展战略的匹配度；高层支持情况；对企业文化支持及符合程度；知识管理现状	员工职业发展规划与数字化学习结合度；绩效考核方式方法与数字化学习结合度；能力模型应用现状；人力资源信息化与数字化学习数据互通状况	数字化学习文化建设；数字化学习资源投入；数字化学习效果的评估；员工学习地图的数字化进程；数字化学习指导与支撑体系	网络基础设施；信息化应用水平；员工IT应用能力；新技术应用

续表

维度	可参考项			
技术	**数字化培训管理** 数字化培训流程管理； 数字化培训资源管理； 是否满足各级机构需要	**数字化学习分析** 数字化学习嵌入深度； 数字化学习数据可视度； 数字化学习数据分析健全度	**关联性** 与人力系统关联度； 是否包含能力模型规划工具及测评； 与绩效系统的关联程度； 与知识管理系统关联性	**先进性** 对学习标准的支持程度； 按需学习功能； 社群学习支持程度； 结构化调用灵活度
内容	**内容体系** 是否具备数字化内容体系规划； 各层级机构之间内容体系的关系； 数字化学习内容与形式类别构成； 数字化学习内容数量； PGC 与 UGC 内容互通机制	**标准规范** 数字化内容开发流程； 数字化内容开发制度； 数字化内容质量评价体系； 数字化内容更新与维护机制	**应用度** 数字化内容使用度； 数字化内容使用途径； 数字化内容流通性； 数字化内容迭代速度； UGC 生成活跃度； UGC 应用热度	**关联性** 数字化内容与岗位专业的关联； 数字化内容与能力技术的关联； 数字化内容与学习场景的关联； 数字化内容与其他相关系统的关联
管理	**管理机构** 核心管理机构的组织结构及职责明确度； 相关管理机构的组织结构及职责明确度； 相关人员的岗位职责清晰度	**制度体系** 制度的全面性与完善性； 制度实施的效果； 分支机构的制度落实	**运营保障** 核心运营管理者的能力提升； 重点运营任务标准化； Call Center 的建立与功能； 技术运营的保障体系	**供应商管理** 技术供应商管理； 内容供应商管理； 软件供应商管理； 其他第三方机构的管理
推动	**氛围营造** 数字化学习认同度； 推广活动的系统规划； 已有推广活动的效果； 推广手段的多样性与适用性	**项目推广** 对核心部门的业务支持； 主流社群项目推动； 项目活动的创新性； 项目活动的参与率与活跃率	**绩效关联** 数字化学习与绩效考核的关联性； 学习指标与 HR 晋级体系的关联性	**研究成果与影响力** 数字化学习成果和经验总结； 宣传渠道建设； 内部最佳实践传递； 数字化学习研究能力

不得不提的是，所有的学习平台投资人即企业高管层，最关注的就是平台运营后产生的效益。我们要说服投资人持续投入并支持数字化学习业务发展，就必须拿出有力的效益评估报告，可以包含数字化学习本身与平台运营、流量、活跃度、内容生产与储备、项目实施等相关的数据，也需要包含一些高管层关注的投入产出比、对企业业绩促进的相关数据等，才能全方位证明数字化学习的作用和价值。下面是常见的企业进行效益评估时关注的指标：

- 平台稳定系数；
- 运营覆盖率；
- 运营穿透率；
- 应用口碑值；
- 投入产出比（ROI）；
- 绩效关联系数；
- 关键指标达成率。

要注意的是，不论我们选择哪一种效益评价的手段和方法，都需要根据现阶段选择确定的评估计划随时随地、按部就班、分门别类地收集数据。因为数字化学习的平台技术和运营方式的变化非常快，这可能会影响一些重要数据的变化值。即时的数据才是最准确的数据。

第四章
如何搭建企业数字化学习运营体系

平台技术

平台技术是整个数字化学习运营体系里包含的平台、工具和其他相关技术的综合，对于很多企业来说，平台搭建的概念早已突破购买、自建或租用集约式学习平台，还包含了各类学习活动中可能使用的小平台或第三方平台，比如在学习项目中被广泛使用的微信群、各种直播系统、任务协作系统、游戏化系统、智能训练系统等。

平台稳定性

平台的稳定性是决定数字化学习平台体验度的第一因素，相信大家都有这样的体会，当我们登录任何一个互联网平台或者 App，只要它运行不稳定，你立刻就会 say goodbye，而再也不会去关注它能提供多么好的内容或服务。可以这么说，优质的数字化学习服务本身就包含稳定流畅的数字化平台操作体验。因此，我们在平台技术要素中必须考虑平台及相关设备的日常维护，根据企业人员配置和技术水平的不同情况，可以选择自有团队维护或是外包维护。

平台建设

不同的企业根据不同的成本和应用规模，选择不同的平台建设方式，包括直接采购、自建或者租用，甚至可以在原来的数字化学习平台中引进和嵌入一些小平台，比如，游戏化学习平台、直播平台、智能化适配技术平台等。

从国内企业目前的情况来看，大部分企业倾向于 Saas 模式的平台应用，一来平台技术成熟，成本低，不需要自己花费巨资采购服务器和网络带宽；二来风险较小，更换平台或服务商的代价低，也可以根据自身需要灵活选择功能和组件。

当然，自建平台的企业还是有的，尤其是本身就具备互联网平台研发能力的企业，或者对于学习的组织管理要求较为复杂的企业，市场上的 Saas 平台无法满足其管理运营需要，此外还有些对内容和信息保密要求非常高的企业等，仍然愿意在平台建设上投入较大的成本。

日常维护

一个平台的稳定性很大程度决定了企业内部的所有用户对于数字化学习的接受度和信任度。如果我们提供的界面、服务和内容是不稳定的，经常断线、卡顿、或者无缘无故崩溃无法连接，大家的体验不佳，就无法促使大家进一步深度应用，甚至帮助我们一起推广。

根据我们企业可投入的成本，企业可以决定是自己的团队维护，还是外包。很多企业也会采取半外包的模式：内容维护自己做，技术维护给外包。也就是内容上挂到平台以后，测试、跟踪由自己完成，但是技术检查、故障排除和技术保障等事务则外包给专业团队承担。尤其是租用平台的企业，一般都是由平台供应商直接承担技术维护工作。也有部分企业采取全外包模式，除了技术维护，内容维护也一并外包。这个取决于企业能够投入多少成本，服务多大规模的人群了。

迭代升级

当企业学习战略、学习管理流程或学习形态发生比较大的变化时，数字化学习平台需要同步进行升级，这种涉及核心功能升级的更新我们称之为代际升级。有些企业会给自己的平台定义 1.0~X.0 等不同的版本，用以区别每一代版本的核心功能之间的差异。比如在 2005~2008 年，很多企业在进行学习平台搭建时，会把核心功能部署在学习流程和数据管理上；但到 2008 年后，随着移动互联网的发展，很多企业开始关注社群式学习，慢慢把核心功能转移到对社群学习和多样化学习内容的支持上。

我们也会根据企业对数字化学习平台的新需求，经筛选和评估后，对平台的部分功能做一些优化升级，使之更加适应企业培训需求。比如我曾经服务的企业，学习平台中的社群功能的升级频次很高，2004 年刚上线时是简单的留言板模式，后来很快更新成 BBS 社区模式。随着移动学习的发展，又再次更新为"BBS+ 消息"模式。没过多久，又快速把基于社群的学习互动功能做了全面整合，成为一个独立的 App 称为"学习圈"。所有这些升级需要均建立在定期的问题诊断、用户回访和系统应用数据评估之上。

目前，国内的数字化学习平台功能越来越丰富，新技术升级也很快。仅仅是智能对话技术，就已经有各种不同的产品和算法体系提供底层支持，比如 OCR 文本识别、ASR 语音识别等。再叠加机器对人脸和行为的各种捕捉技术，以及先进的情绪和语境分析算法，机器已经可以准确识别学习者的情感意图，分析其语言和行为中的不足和错误。未来，机器很可能代替企业内部教练，承担起工作场景中实时纠错和辅导的任务。

平台技术的重要性每一个运营者都明白，但是我们一定有这样的疑惑：技术发展永无止境，企业的数字化学习平台是不是一定要随着行业技术发展，第一时间升级到拥有所有最新技术才是最好呢？

诚然，每家企业都希望能拥有最新的数字化学习技术的平台。但是，新技术背后意味着更多的成本投入。既然企业数字化学习发展归根到底是为企业和人才发展服务的，那平台技术的更新也应该为企业和人才发展服务。企业战略业务发展需要培训使用什么技术，企业就引进或升级什么技术。互联网和数字信息技术的发展实在太快，与之同步的数字化学习的技术发展日新月异，如果我们只是追求最新最前沿，频繁升级和迭代，除了高额成本，还可能产生应用负荷过载的问题。

什么是应用负荷过载？每次平台升级后，我们的员工都会进入全新的主界面或功能界面，这种陌生感会令人不知所措无从下手，这势必降低使用者的学习效率。他们需要重新学习如何检索，如何进入相关课程和项目，如何提交作业等。进一步想象一下，当我们升级了平台中某项技术后，员工原本熟悉的反馈信息可能变得不一样了，他们就会思考这个信息为什么不一样了的，对他们的意义是什么。当上述这些需要重新去认识和掌握的场景，随着平台技术一次次升级迭代而高频出现时，就会形成对学习者而言的应用负荷过载的结果。这个结果可能直接导致员工学习疲劳，最终放弃我们的平台，转而寻找更为稳定更为友好的外部学习系统。

反过来说，我们作为运营者，也要跟随升级迭代投入大量成本和精力，因为每一次更新和迭代技术的时候，经常会遇到相关的数据和内容迁移、测试以及 bug 修复的问题，所以我们建议大家在技术更新上可以稍微谨慎一些。

此外，每次新技术引进，我们要做充分的测试和数据信息准备工作，并提前进行宣传预热，让应用群体知道我们什么时候要进行技术更新，包括功能更新后界面的变化，让用户提前了解这些信息并产生期待。无论是平台升级还是功能的更新、工具的拓展，一定都是由业务需求的变更决定的。

除此之外，数字化学习运营体系的在平台技术层面，我们还要考虑平台建设、日常维护、重点项目技术支持和大数据挖掘分析的工作。

重点项目技术支持

值得一提的是，在技术运营工作中，时时刻刻的系统监控，尤其在重大学习活动中的监控保障是必不可少的。比方说，某个企业邀请行业中的知名大咖针对大家普遍关心的行业热点进行直播分享，这个课程的预估流量可能是爆发式的，现有的数字化学习平台能够承载这么高的并发流量吗？这就要求直播之前做好评估，准备预案，直播过程中时时做好监控。这种情况建议邀请专业的人员或团队来支持，也就是说我们可以在单独一个项目上寻找技术供应商或第三方团队进行平台维护。

在重点项目的支持上，我们可能还会遇到一种特殊情况，原来的系统功能已经没有办法支持该项目的有效实施，需要专门开发或引进一些额外的支持功能，举个例子，重点学习项目的创新数字化预热宣传、项目可视化呈现、项目数据深度分析与自动报表形成等，是很多企业经常需要额外开发的功能或内容。

目前，市场上已经有很多比较成熟的工具化产品化的插件，不需要额外开发。如果对于某项功能只是临时性的需求，从成本和维护的角度考虑，选择临时外挂的方式接入可能更好。而一些复杂的技术，比如 AI、AR、VR 等，行业中同样有不少成熟的专业供应商可以直接引进。这些对技术对功能和服务的要求比较高，除非企业本身很擅长，否则不建议自己开发。

大数据挖掘分析

在数据分析方面，尤其要注意我们的数据要如何存储，如何分类，如何汇总，如何计算，如何呈现，才能更好地匹配我们的数据挖掘和分析的要求。毕竟，大数据的挖掘分析是数字化学习中准确搭建供需链的根本，是时时刻刻推动咱们运营精确度提升的手段。

目前，国内有很多企业已经具备了数字化学习的数据看板，能够实时获得用户学习类型、偏好、习惯、频次等数据，为运营者的监控分析提供了极大便利。在看板的应用中，我们尤其要关注一些隐藏的与需求有关的数据，比如被高频检索的关键词或标签，系统中是否有匹配的高质量内容；又比如某一个专业的人群突然大幅增加的登录、浏览量以及他们在平台中停留的时长数据等。智能化的数据看板，可以帮助我们随时监测哪里出现问题，数据突然快速往下走，突然快速往上走，整个系统的承载量突然快速变化等，看板自动发出预警，并提示我们需要补充什么内容或做出哪些调整。长远来看，如果平台能够达到数据的智能关联分析以及智能呈现，并且做出精准的数据预警，就是比较理想的状态了。

内容资源

如果把学习平台看作一个海洋，内容就是大海里的水，持续更新的内容是平台能够为员工广泛使用的资源基础，大部分数字化学习项目的组织实施，都需要内容来支持。数字化学习内容的形式丰富多样，常见的包括标准课件、微课、话题、文档、流媒体、图片等。内容资源是大部分企业在数字化学习运营中非常关注的工作，大家普遍认同的"内容为王"在有些企业甚至被看作是运营的核心。没有内容，就无法触发学习行为。没有内容的数字化学习平台可以说是徒有其表的空壳，无法驱动学习过程，更不可能产生流量。

企业的数字化学习的运营体系中，内容资源的运营涉及多个方面，也是很多企业觉得很有挑战的领域。

内容的体系规划

企业的数字化学习运营者经常会面临一些问题：业务方反馈有的内容不够实用，有的内容又太陈旧，内容的质量参差不齐，内容的数量太多很难找到真正有价值的内容……这很可能是内容资源的规划出了问题。数字化学习内容资源的规划要和企业学习整体运营的任务和目标通盘考虑，才不会出现内容缺乏相关性和更新不及时的状况。没有规划，企业的数字化学习内容很容易陷入散乱和盲目开发的状态，耗费很多成本，开发或引进的内容要么大量重复，要么不符合当下或未来的需求。这样一来，平台上就会积累大堆无效甚至垃圾内容，我们需要花很多时间和精力去清理。

内容规划过程中，作为运营者，我们要不断地问自己问题：我们要用什么样的形式体现内容？覆盖到企业哪些专业维度？为多少人员服务？内容的开发质量标准、形式标准、时间长度标准是怎样的？我们的开发计划需要如何设定？当内容开发出来以后，我们的应用计划又是怎样的？

比如，我们在每次内容开发前，通过表单将需求、对象、后期应用说明、评估标准等形成开发清晰的开发指引，或许能在一定程度上提高内容开发的有效性（如表4-2所示）。

表4-2　数字化学习内容开发梳理表

序号	需求及来源	学习对象	已有内容（主题/形式）	待开发内容（主题/形式）
1				
2				

数字化学习内容开发梳理表使用说明如下：

"需求及来源"为数字化学习内容开发的缘由，可能来自企业年度培训计划中的学习发展项目需要，也可能直接来自战略或业务部门需求等；

"学习对象"定义此内容的目标对象；

"已有内容"列出与本需求相关的已有内容，可能是线下已有的课程或资料，也可能是线上已有的各种形式的内容，避免重复开发，更需要考虑相关内容之间的联系和不同的应用场景，使得确保知识体系的完整和有效性；

"待开发内容"则可列出计划开发的数字化学习内容主题和形式，可以是单一内容的主题，也可以是成系列内容的主题。这里需要注意"已有内容"和"待开发内容"的形式互补，以适应不同学习场景中的学习者使用。

数字化学习内容开发梳理表梳理完之后，可以把其中最后一列"待开发内容"中确定要开发的内容填写到如表4-3所示的"数字化学习内容开发清单"中，通过开发清单后继内容的填写，规划数字化学习内容的形式、应用和评价标准等。

表 4-3 数字化学习内容开发清单

序号	待开发主题	形式	后期应用	评价标准	优先级

数字化学习内容开发清单使用说明：

"形式"定义该内容主题开发的形式或格式标准，比如是标准课件、微课、短视频、长图文、词条序列或其他；

"后期应用"描述此内容开发完成之后，将如何投入使用，比如作为某培训项目的学习内容，或是在日常运营中按计划推送，甚至是与其他内容组合使用等。如果企业已有学习地图，则可与学习地图中的内容和用途关联起来；

"评价标准"定义本内容投放使用后，需要收集哪些信息或数据，按什么标准评估内容所产生的效益；

"优先级"则综合各方面因素，去给需要开发的内容的紧急重要程度排序，在资源有限的情况下，便于选择先行开发的内容。

正所谓"磨刀不误砍柴工",数字化学习内容资源的开发和规划,其目的就是把内容用起来,盘活内容,形成开发到应用的通路。否则数字化内容平台就成了一个网盘,只存储不使用。除了造成资源的浪费,还会直接影响运营效率。

内容的采购开发

企业数字化学习领域中,有比较正式的学习内容,也有非正式的内容资源。如果我们把企业数字化学习内容资源从"正式度"的角度去划分,则会区分为提供组织正式学习的内容体系以及支持社会化学习的内容体系。通常来说,企业组织内外部专家参与开发,或从市场上购买的比较正式的学习内容,品质较高,提供大部分员工学习使用,这部分称为PGC(专业生产内容Professionally-generated Content)。由用户即普通员工参与内容的生产,称为UGC(用户生产内容User-generated Content)。甚至可以把员工自发产生的内容和专家团队开发的内容进行整合加工。特别要注意的是,无论由谁来开发或生产内容,这些人员或者团队必须具备相关的资质,或者按照我们既定的标准提供成品,这样开发出来的内容才可能达到我们的使用要求。

市场上不乏优秀的数字化学习内容开发商,不同的开发商可能有不同的擅长领域,包括行业内容或呈现形式的擅长领域。比如,有些供应商擅长开发金融类课程,有些供应商擅长开发制造业的精益化管理课程,有的供应商又对能源或通信行业非常熟悉。再比如,有些供应商擅长真人视频课程的拍摄和制作,有些供应商则特别擅长MG动画类课程的制作,还有一些在三维动画制作方面特别优秀。这跟开发商长期服务的客户属性有关,也跟其开发团队的技术方向有关。我们可以根据供应商的擅长领域进行选择和判断。

对于PGC而言,成熟的通用课程,我们建议直接采购即可。而与企业产品业务技术紧密相关的课程定制，选择合适的供应商尤为重要。擅长某些行业主题内容开发的供应商，通常会积累该行业或产业大量的资料与素材，对相关信息的理解更为熟练和精准，设计开发内容时速度更快，并能够大大减少双方前期的沟通成本。

另外，必须要提醒刚刚从事数字化内容运营的同行们，选择供应商，不仅仅是选择内容的视听呈现质量，更重要的是筛选对方的教学设计和课程脚本水平。不能因为某家供应商的视觉呈现特别酷炫新颖就急着拍板，而是站在员工和学习者的角度，分析相关教学设计是否符合需求、体现逻辑、突出重点且具备相应的教学策略，判断使用者学习目标的达成度；再结合形式的创新和趣味性等因素，决定最终的选择。因为对于内容开发商而言，大家的共识是"优秀的技术制作人员很多，而优秀的教学设计人员太少了"。

当然，企业内部也可以自主开发数字化学习内容，对于内容开发可投入成本不高的企业，这是最佳选择。比如，面向内部专家或内训师赋能数字化课程开发技术，再组织开发；或是通过一些案例、微课、短视频等制作竞赛，批量收集内容等。这中间也会遇到一些挑战，我们将在第五章展开讨论。

PGC 与 UGC 的应用区分

PGC 和 UGC，都是数字化学习内容体系不可或缺的组成部分，并不存在哪种内容更重要的区别。两个体系的内容，除了生产者不同，它们的应用场景也是不尽相同的。PGC 大部分以企业内部定制和采购为主，适合用来做体系化的知识建构；UGC 以员工创造和贡献为主，更适合即学即用，尤其用来快速解决工作中的一些痛点和难点。PGC 和 UGC 这两个体系的内容，它们的资源类型、关注焦点、表现形式、实现途径以及流转方式都有一些区别。

在正式学习内容体系中，内容资源类型一般包括数字化课程（含各种不同表现形式的课程，如视频类、图文类、动画类、音频类、H5交互类等）、试题库、试卷库等，其中电子课程通常以可跟踪学员学习过程与时间记录的标准课为主，部分标准课附带有防止员工"挂机式学习"的技术机制。这些内容资源正式度很高，我们的关注焦点通常在学员的学习记录和考试记录上。不过随着移动学习的发展，很多企业已经不再跟过去那样高度关注电子课程底层的技术标准了。

而在社会化学习的内容体系里，比较常见的资源类型主要包括微课、短视频、图片、图文，也包括数字化共建知识库（类似企业内部的维基百科）中的词条和学习社区中的一些话题等。大家关注的焦点不在乎它的表述多么精确和严谨，是否成体系，而是这个内容实不实用，能不能快速解决我的问题，传播获取是否方便快捷。

也正因为这些不同，它们的表现形式也有区别。对于正式学习内容来说，无论是开发技术、专业精确度、内容结构、呈现精致度等，我们都有较高要求，这部分内容代表的是组织输出内容的标准，也会在学习平台中留存较长时间，应用于企业组织实施的各类学习项目和内容推送活动中。

而这部分内容的开发实现途径，我们一开始就确认是通过具有一定知识和专业背景的专业人士生产，代表"高品质+有深度"，也可以理解为是企业学习的"品牌内容"。

而对于非正式学习内容，我们更加追求的是"开发快、传播快、应用快"，对内容的呈现精致度和结构专业度等的要求相对低一些，以经验、方法、案例为主，通过降低开发制作门槛与要求，鼓励更多员工加入内容创作与贡献的行列。

正式学习与社会化学习内容的流转方式也有所不同。正式学习内容一般都由各级组织向员工单向传递为主，比如针对不同的学习群体进行有计划的内容推送，或面向不同群体实施学习项目时选择使用。而社会化学习内容，通常由员工自取为主，甚至通过转发、推荐等渠道在员工和员工之间进行多向交叉传递。

对于一些体系化学习要求非常高的知识构建型学习者，他们对正式内容的需求更高；而对于一些即学即用、即用即学的学习者来说，快速解决问题的社会化内容更加符合他们的要求。

不过随着移动互联网的发展以及很多学习平台的技术发展，目前有些正式学习内容也已经可以通过底层技术手段进行模块化分割，每个模块成为独立的颗粒度更小的内容资源。一方面同样能满足传输便捷即学即用的需要；另一方面，小颗粒度的内容之间可以互相整合，形成新的课程。我们可以在未来的学习平台中直接选择 A 课程的第一节、B 课程的第三节、C 课程的第五节，略微做一些小的衔接性加工，就能快速整合成一门针对性更强的新课程。

在移动互联网快速发展的今天，平台中的内容早已突破过往 PGC 主导的状态，越来越多的企业倡导高质量 UGC 的开发，并通过有效运营输送给需要的员工。

内容的评价监管

在数字化学习运营工作中，如果我们要进行完善的内容资源管理，从资源部署的角度出发，兼顾 PGC 和 UGC 健康发展，必须要有一定的评价标准和监管机制。

内容开发完成后必须经过业务部门和培训部门共同的审核或评价才能上线，也就是说，需要有良好的评价机制去鉴别哪些内容可以上线了，哪些内容需要进行优化后才能够上线，这样就能避免内容质量参差不齐的问题。同时，由于 UGC 的开放性和自由性，我们也需要同步的监管机制，一方面为员工自创内容的开发上线提供可参照的规范，包括内容主题、呈现形式、技术标准等，另一方面也为平台的智能化拦截和内容监管体系提供依据，避免不健康、不规范的内容出现在数字化学习体系中带来的不良影响。

此外，我们还需要一套内容在使用过程中的评价体系。

有些企业会选择让专家或用户对内容进行打分或点评，有些企业则会采取"官方"和"民间"结合的模式。"官方"模式通常用数据说话，综合考量内容的业务适配度、点击量、学习时长、回看率等，结合专业部门和内容专家的建议评价。"民间"模式指的就是用户学习过后的点赞、转发、好评等，让用户说话。"民间+官方"构成的评价体系更为全面与客观。比如我们之前提到的内容过时问题，当我们发现某些内容的学习数据非常低迷，几乎已经没有用户选学，我们可以把这些课程的标题和关键内容提供专业部门审核，确认这些内容已经不适合当前企业需求，双方就可以联合对相关内容进行淘汰或升级。

内容的推广应用

数字化学习内容开发上线后，就要提到企业非常关注的内容推广应用了。要用好内容，首先必须盘活内容。比如，内容资源如何加载到平台、如何包装推广、如何跟学习项目进行整合、如何在不同渠道和场景露出等。有些企业在内容盘活上很像"散打"，开发了什么内容，就推广什么内容，散乱无序，员工也很迷茫。如果能立足内容场景，使用一些简单的策略，形成"降龙十八掌"，一步一步有明确的目标，往往会事半功倍。

关于内容场景，我们可以归纳为两个，一是内容的来源场景——内容从哪里来，另一个是内容的应用场景——内容到哪里去。数字化学习需求来源于工作场域，服务工作场域，所以咱们的内容运营也要打造这样一条"供需链"，基于这两大场景形成"以终为始"的内容运营闭环。说得再明确一些，企业的内容来源主要是学习者的能力成长需求或在工作中遇到的问题。我们以此主导内容开发，使内容能够提供员工在能力进阶过程中使用，在必要的能力发展阶段提供精准的学习内容，帮助他们快速成长。或是能真正帮助员工突破工作中的难点痛点，当他们在工作中遇到障碍时，能通过数字化手段快速获取这些内容，即学即用解决问题。这就构成了一个"从工作中来，到工作中去"的闭环。

举个例子，假设我们要规划企业的销售人员学习内容体系，我们就得把销售人员进阶成长的应知应会内容、工作中常见的典型场景、痛点盲点关键点风险点等都调研清楚并分类整理，同时还要规划什么类别的内容用什么形式，才能使销售人员在有需求时能快速获取快速使用快速解决问题。一般应知应会的内容，颗粒度可以大一些，以15~30分钟的轻课程为主；而即学即用型的内容，颗粒度要小一些，3~5分钟能学完的快速图文和小视频更适合。这样，销售人员使用时更方便，内容的利用率也会更高。

表4-4展示了数字化学习内容的三大方向九大场景，提供参考。

表4-4 数字化学习内容的应用方向和场景

三大方向九大场景		
组织学习	个人学习	第三方应用
统一宣贯 （会议/宣传）	个人提升	业务推广
学习项目 （课程/案例/试题）	即学即用	服务引导
学习地图 （岗位认证/能力进阶）	个人兴趣	流程协作

三大方向包括组织学习、个人学习、第三方应用。

在组织学习方面，统一的宣导、会议宣传、培训项目中的课程案例的应用、学习地图中的一些内容覆盖都是重要场景；而个人学习领域，即学即用，即用即学，还有员工晋升和个人发展，无论是上岗还是转岗，都需要内容的支持；此外，有一些热爱学习的员工，凭着自己个人的兴趣开展广泛学习，也是很重要的场景。第三方应用包括产品的宣传、服务的引导、流程的说明，往往提供客户或上下游合作机构了解学习，在部分行业中也非常多见。

内容的管理制度

在内容相关的制度体系方面，每个企业的运营制度和规范都不太一样，如果把大部分企业共有的制度罗列一下，一般涵盖数字化内容运营的审核、迭代、激励和应用四个方面。每个方面可以参考的制度主题（如图4-4所示）。

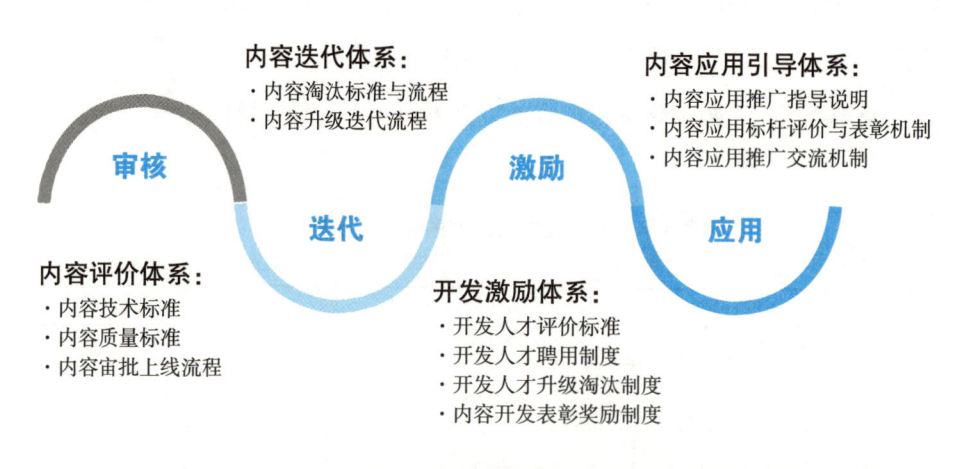

内容迭代体系：
·内容淘汰标准与流程
·内容升级迭代流程

内容应用引导体系：
·内容应用推广指导说明
·内容应用标杆评价与表彰机制
·内容应用推广交流机制

内容评价体系：
·内容技术标准
·内容质量标准
·内容审批上线流程

开发激励体系：
·开发人才评价标准
·开发人才聘用制度
·开发人才升级淘汰制度
·内容开发表彰奖励制度

图4-4 企业常见内容运营相关制度或规范

上述制度或规范体系综合了多家企业当前的管理制度，实际工作中，我们可以根据企业的数字化内容建设发展的不同阶段，选择性修订。

其中，对于一个分级运营模式的企业来说，"内容应用推广指导说明"

指的是，上级的内容开发团队将内容加载到平台后，这些内容如何盘活与应用，应用的场景是哪些，怎样发挥这些内容的效益等，可形成相应的说明，指导下级单位或需要的团队使用和学习。而"内容推广交流机制"则是反向收集各级单位或团队在应用中的有效的方法或创新应用场景，推广给更多单位参考借鉴，或直接通过一些数字化交流机制达成这些应用方法的共享，促进内容资源应用最大化。也就是说，内容有了，不仅推广给用户使用，还要指导大家怎么才能用好！

总而言之，数字化学习内容资源运营唯一的目的就是"用"！我们的所有工作不管是规划开发还是应用、制订制度和规范，都是为了把内容更好更高效的使用起来，帮助组织与业务更好地发展，促进员工更快成长。

数字化内容开发路径

数字化学习平台刚上线的时候，平台上可能仅有一些平台供应商附送的课程，甚至没有内容，很多企业会在此时采购一批外部通用课程补充空白的课程库。但是这些通用课程往往无法适应企业业务技术或流程规范等紧密相关的学习需求。这时，部分企业可能会采取大规模开发快速补充的手段，以适应广大员工的学习需要。常见的做法是根据业务部门提出的需求，召集内训师或有意愿的骨干员工开发课程。

这几年，微课因为制作简单，上线快，通常会成为内训师或骨干员工所开发课程形式的首选。所以说，平台上微课多不是一件坏事，至少一定程度上解决了课程量的积累和岗位覆盖度的问题。我们把这种跟随业务部门的随机需求，或员工自选主题开发内容的阶段，称之为数字化学习内容的"零散开发"阶段。

当课程量积累到一定程度，我们就要开始关注已有课程的岗位专业分布情况了，同时还要检查是否存在大量重复开发的课程，筛选清理质量低下的课程。如果重复开发的课程比较多，意味着我们之前的内容整体规划上可能存在不足；如果质量不过关的课程比较多，可能意味着我们课程的生产标准或者质量标准不太清晰。这就是通常我们所说的课程盘点。在盘点基础上，我们需重新规划所需要的数字化内容，有针对性地开发内容，提高数字化内容的实用度和针对性。

我们来看一张大部分企业数字化课程持续开发的路径图（如图4-5所示）。第一个台阶是"零散开发"阶段，开发的主力可以是内训师、有兴趣的员工，甚至擅长互联网多媒体制作技术的新员工也可能参与进来。

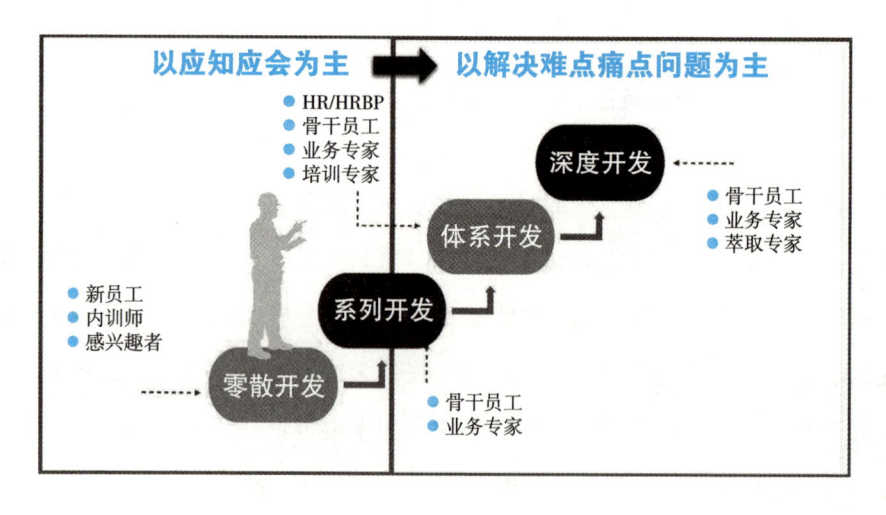

图 4-5　企业数字化课程持续开发参考路径图

第二个台阶"系列开发"阶段，企业开始有计划地开发成套课程。通常来说，系列课程是围绕一个主题开发而成的课程序列，满足特定人群赋能时的某项专业能力诉求，或解决特定人员工作中某一类痛点难点问题。由于数字化内容的颗粒度通常都不会太大，所以一个系列专注解决一个问题，或培养一项能力是比较好的策略。比如：新产品上市，需要一套系列课程让员工了解这个新产品，该系列可能会包含这个新产品特点、新产品销售话术、新产品办理流程、新产品售后服务、新产品维护要点等课程。而业务专家的介入，对能力要求或问题进行分析拆解，形成的系列课题和内容，使得这个主题的系列课程内容更加全面，专业度和精准度更高。

  系列开发再往前一步就是"体系开发"。体系化开发和系列开发一样，都是围绕一个主题，但是体系开发服务的主题更大，维度更宽，内容更全面。"体系开发"一般是为了培养某个层级管理者、某岗位专业人才，或某支特定人才队伍开发的全套课程，也可能是为目标对象进行某项复杂能力的赋能内容。比如企业要培养优秀的车间主任、产品经理等，这时，HR、HRBP以及业务部门都要介入，共同分析目标对象必须具备哪些知识、技能和经验等，再形成不同维度的课题清单，其中可能包括应知应会的内容，也包括经验案例性的内容，业务技术难度挖掘更深，涉及维度更广。就拿车间主任来说，优秀的车间主任本身必须具备扎实的生产技术和经验，又要具备足够的管理能力，所以企业要为其开发生产技术与经验提升相关的一课程，也要开发与基层管理能力培养相关课程。无论是生产技术还是管理能力，从数字化内容的角度都能继续分解出大量分支课题。比如生产技术又分成不同类别的技术，比如操作、维护、检修等；管理能力也会继续细分成流程管理、团队管理、设备管理等。所以这一整套课程不是几门课程就能解决的，需要我们共同分析这个人群的画像和细化能力要求，再根据能力项清单得出课程清单。

  如果"系列开发"是沿着一条单向轴线展开的线性开发，那"体系开发"更像是同时朝两个不同方向轴向展开二维开发，可能是多个系列组成一个内容体系，所以 HR、HRBP 和培训专家要在体系化开发中高度协同，才可能开发真正服务于特定人群体系化培养的内容序列。举个例子，某物流公司快递员管理岗位的数字化课程，沿着 x 轴看，每一行都可以看作是一个不同数量单课程组成的系列课程,包括人员管理、运力供给、数据分析和活动组织四个系列。当我们沿 y 轴叠加后形成的课程表格,则是快递员管理岗的人员需要学习的一整套体系课程(如图 4-6 所示)。

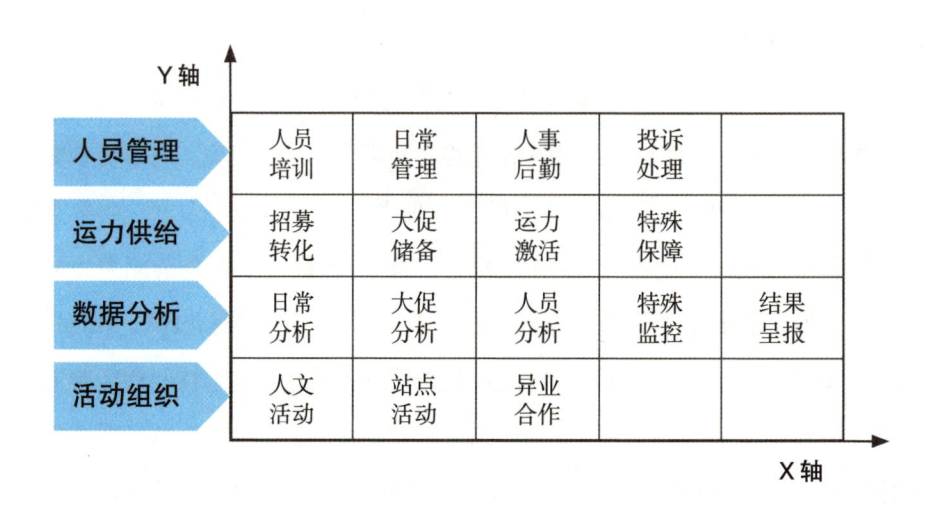

Y轴					
人员管理	人员培训	日常管理	人事后勤	投诉处理	
运力供给	招募转化	大促储备	运力激活	特殊保障	
数据分析	日常分析	大促分析	人员分析	特殊监控	结果呈报
活动组织	人文活动	站点活动	异业合作		

图 4-6 某物流公司快递员管理岗位的数字化课程

再举个例子,如果企业要为新员工开发一套完整的入职课程,覆盖新员工必须了解的企业文化、产品业务信息、通用职场技能、专属岗位知识技能等主题,而其中的"通用职场技能"可能又包含时间管理、职场礼仪、表达沟通等多项技能,这又是一个小体系。这就形成了嵌套性的体系开发。

"深度开发"是指在已经初步具备的内容体系的基础上,对某些主题领域进行内容或形式的进一步深化开发。比如聚焦企业大客户销售中"与竞争对手争抢客户"这一主题,深挖十个场景十种方法,形成十门数字化课程。再比如面向"车间安全管理"这一主题,开发一套面向特定安全问题的全案例课程。这一类课程,通过少数一两个业务专家可能无法直接提取形成普遍适用的内容,而是需要知识经验萃取专家介入,全面整合多位骨干或专家的方法，融合到课程中，形成高质量的内容序列。

零散开发、系列开发、体系开发、深度开发可以看作数字化学习内容开发的一般路径，但并不是每个企业数字化学习内容必经的发展路径。不同的企业，进入数字化学习领域的时间不同，具备的环境与条件不同，发展历程也会有所差异。比如有些企业本身知识管理做得非常专业，知识图谱中已经明确定义了不同专业、岗位、人才的内容分类主题、形式、颗粒度和实现技术等，在他们引入数字化学习后，很可能直接进入"体系开发"甚至"深度开发"阶段。当然，也有些企业是四个阶段区分主题并行的。

数字化内容开发的方向是由点到面，再往纵深方向延续。"深度开发"方法是在"体系开发"的二维图谱上叠加了第三个维度，形成三维开发空间，最终形成一个"点—线—面—空间"的发展路径。

人

一起来思考一个问题,在一个企业的数字化学习体系里,员工扮演着怎样的角色呢?第二章我们提到,数字化信息技术的发展,使企业内的学习用户已经发生改变,每个人的角色都不是单一的。整个社会化学习大背景中,每个人既是学习者,同时也可能是知识贡献者。而数字化学习平台或其它能够互通学习信息的平台把大家链接到一起,成为"泛化的学习共同体"。关于这个学习共同体之间的信息流通,我们给出一个公式:

学习信息互通 = 互联网 + 平台 + 动因(需求/机制)

其中互联网和平台是把人与人链接起来的硬要素,而动因是促使人和人之间愿意共享信息的软要素。

一个不可忽视的学习信息流通原因是企业内知识与信息的"供需链",也就是"内容来源场景"和"内容应用场景"之间的流通关系,供和需能推动一部分内容在员工群体中的流动,而供和需的源头,是人。

除了内容供需,还有相应机制的影响,包括一系列政策制度,比如引导员工参与学习的机制,激励员工交流分享的机制,推动员工贡献内容的机制等等。这些机制往往也是面向人而言的。

因此,在数字化学习体系中,人是激活整个学习平台的核心要素,也是所有学习活动的流量生产者，"人"的运营非常重要。但这里所说企业数字化学习体系中的"人"的运营，指的并不是管理好某个具体的人，而是对企业数字化学习体系里的角色进行分类管理和运营。

四类角色

从上述角度出发，我们可以在数字化学习体系中初步定义四类角色，分别是：

- 学习者——参与学习，获取知识技能的人员。
- 开发者——生产内容、策划项目活动以及其他学习产品的设计开发人员。
- 教辅者——参与教学辅导，帮助学习者提升知识技能的人员。
- 运营者——组织实施和保障学习过程的人员。

这四个角色彼此联动、彼此支持，才能构建完整的企业数字化学习运营体系，让平台动起来，让学习过程体现出来，最终让数字化学习的效益不断提高。

开发者和教辅者的区别

这里有必要区别一下"开发者"和"教辅者"。

开发者泛指所有参与到数字化学习内容、学习项目、学习活动开发的人员，可能是培训经理，也可能是内容专家、业务骨干、内训师等。开发不是只有内容的开发，还有项目、活动的开发。因此，企业中业务部门协助人力或培训部门开发、评审项目与内容的人员，也属于"开发者"角色。

"教辅者"一般以内部和外部的培训师、教练等人员为主。不同的项目和学习活动中,有兴趣有能力的员工也可以参与进来,成为临时性的"教辅者"。比如有些企业会设计类似"专家坐堂"的活动,邀请内部专家在指定时间指定场景中担任教练或辅导者角色,被邀请的专家平时未必是内训师,只是当前这个学习活动中最有经验且最合适的辅导人员。

无论是数字化学习中开发者还是教辅者,平台需要赋予其特定的应用权限,才能使得这些人员更好地展开相应的工作。

重视数字化培训师的培养

值得一提的是,内训师是目前企业数字化学习"人"的运营中非常重要的对象群体。在数字化学习相关人才培养方面,很多企业把培养焦点放在"运营者"的数字化学习项目设计和运营能力上,或者是"开发者"的数字化学习内容的开发能力上,很容易忽略内训师在整个学习生态中发挥的作用,从而忽略了数字化教辅人员的能力培养。在某些数字化教学过程中,直接让过去从事线下面授培训的内训师承担线上教学辅导的任务,效果一般,连带员工和业务部门也对数字化学习的效果产生怀疑。

对于这些习惯于线下教学的培训师而言,他们的能力可能还只停留在面对面教学的场景。为了适应数字化学习的教学要求,需要在他们过往的能力基础上叠加数字化授课辅导和内容开发的技能。

未来的数字化培训师,需要具备一定的互联网思维,了解互联网,有意愿通过互联网和数字手段发挥培训师的作用,乐于通过学习平台与学员分享交流,甚至愿意将自己打造成企业内的知识IP。只有这样,他们施展才能的舞台才能更加广泛,触达的教学人群也会更入。

数字化培训师可以开发与讲授直播课,可以制作和传播录播课,可以快速组织一个即时辅导，比如基于社群的交流活动，也可以有机会地开展非即时辅导，比如通过留言板和社区组织讨论。因此，这个人群个必须足够了解相关平台的教学工具，才能成为合格的数字化培训师，发挥他们在数字化学习生态中的价值和影响力。

数字化培训师的培养方向多种多样。现阶段，企业可以根据不同需求培养不同方向的数字化培训师，包括直播培训师、录播课培训师、微课开发师、在线辅导师等。无论是哪一种师资的培养，从互联网学习发展的角度而言，我们都建议他们拥有一定的课程营销能力或自我宣传能力。因为随着数字化学习的大规模发展，学习将演变成随时随地发生的事件，教学也一样。而企业的学习平台通常是开放的，如果所有学习活动发起、推广和组织都需要培训管理者介入，这个工作量是任何一家企业未来的运营团队都无法承受的。所以，授权内训师自主发起和实施课程，即时满足一小撮学习者的需求，一来能大大降低培训部门的工作量，二来也能极大地提升平台的应用度。从互联网知识传播角度而言，人的影响力也会带动知识引流，就像大众热衷于参与知名大咖和专家的课程一样，内训师一旦能自主营销课程，扩大他们在企业内的知名度，必定能更好地提升他们的积极性，同时吸引更多学习者参与线上课程。

一方面，在我们过往培养的很多企业内部数字化培训师中，涌现出一大批优秀的"网红"培训师和专家，他们授课和分享的舞台已经不仅限于企业内部，甚至通过公众平台对外直播，或者自己录制课程上传到喜马拉雅、腾讯课堂、小鹅通、千聊等，打造自身在企业外部的知名度。另一方面，企业内部学习者也更加信任这些具备市场价值的专家和老师，他们在企业内部进行数字化授课时，人气更旺，流量更高，评价更好。

当然，数字化学习体系中，人的运营也可以看作是基于数字化学习的人力资源管理。我们培养了教辅人员，就要用好他们，给他们足够的空间施展才华，多授课、多做课、多辅导，而他们也在这个过程中有充分的意愿，有充足的回报，才算真正把教辅人员的资源管理到位了。

案例

某食品制造集团直播培训师培养和运营

2020年开始，国内某知名食品制造集团公司通过认证培养，连续培养了数百位具备直播授课能力的培训师。为了发挥这批内训师的作用，这家公司的人力资源部门和企业大学，通过企业学习平台、公众号、短视频和内部新闻消息等多种渠道，宣传这批授证直播培训师的擅长领域和讲授风格，还精选了这些师资的自我介绍或直播教学视频，作为可直接参考的宣传内容。同时，这家集团公司的企业大学在企业内部搭建起授证直播培训师的供需渠道，即集团下属各个子公司和分支机构，可以自由选择认证直播培训师交付课程，并在集团指导课酬标准下支付相应费用。

这样的内部师资市场与课程流通机制，极大地提高了培训师的授课积极性。通过双向选择，一方面推动直播培训师开发优质课程，快速迭代内容，提升授课质量，另一方面解决了疫情期间线上学习内容和教学人才的缺口，推动内部培养的直播培训人才快速加入全集团数字化学习的不同项目和课程中。

某能源企业的数字化课程开发人才培养与运营

某能源行业集团公司，为了将生产一线的线下课程快速转换为数字化课程，用较短的时间培养和认证了一批涉及不同专业和技术岗位的数字化课程开发师，其中包含了广大内训师和技术业务专家。在培训认证期间，第一批数字化课程产生并投入使用。这些课程包含系列课程，也有独立课程，均瞄准该企业一线单位近期业务和技术热点开发而成，每个课程时长约20~60分钟，用多媒体呈现技术展示教学过程，内容完整度和体系化都比较强，特别适合专业人才团队的系统学习。

第一批课程上线后获得广泛欢迎，之后，这家企业再通过持续的数字化课程开发竞赛，推动已经认证的业务技术专家继续开发更高品质的数字化课程，同时吸引更多对数字化内容开发感兴趣的员工加入这一行列。

这些相比微课和短视频而言时间更长的数字化课程，较好地弥补了疫情期间部分课程无法面授的问题，让员工可以在工余时间自主完成某一主题的系统化学习，也提供培训管理者选择使用。

此后，这家企业将生产线上优课的成果要求与内训师、专家人才晋级机制结合，推动更多优质课程源源不断的产生。

学习项目 / 学习活动

企业数字化学习的整体管理和运营，可以被看成一个大的互联网产品，如果没有各种学习项目、学习内容等小产品的分解运营来支持，这个大产品的运营会越来越沉重，且越来越没有针对性。好比一台复杂大机器的运转，一定是靠局部设备和零件的良好运行带动的。我们需要基于数字化学习的定位，结合平台的功能，开发一系列项目，并通过这些项目的实施激活平台，让绝大部分终端用户都能找到适合自己的"小产品"，参与学习或使用。从学习产品的边际成本和边际效益角度来看，能持续执行且具备灵活适应性的学习项目显得更为重要。

为了提高学习项目系统性和覆盖度，企业需实施多少数字化学习项目、这些项目与企业整体学习体系的关系、项目和项目之间的联系、项目需要的资源支持、项目的执行计划等都需要整体筹划。

当我们有了平台、内容，分配了人员角色与职责，但是却没有组织实施学习项目或学习活动，学习流量就很难保持。还是那句老话，"数字化学习不是自学"，运营和支持是推动和保持学习流量的必要手段，而项目或活动使得我们的运营有了实际的抓手。现阶段，通过多样化的学习项目与活动把学习者吸引到数字化学习进程中，是经过大部分企业验证非常有效的做法。

如果我们要把数字化学习项目进行分类，从项目目的来说，可以分为业务支持型和引流型，这两种类型的项目在形式上可以是复合型或微学习型。

业务支持型项目

业务支持型项目的最终目的，就是支持企业的业务战略发展，所以无论是直接解决某项业务技术问题的学习活动，还是培养某一支特定业务人才队伍的一系列学习活动，都属于业务支持型项目。比如"新晋销售人员促单能力培训"针对的是培训对象"促单"这一项能力的项目，而"高级销售人员综合能力进阶项目"则是针对了培训对象综合能力的学习项目，两者都属于业务支持型项目。

引流型项目

引流型学习项目，则主要是为了吸引和保持数字化学习的流量与活跃度，其核心目标是通过一系列活动迅速提高平台流量。一个平台，功能再强、内容再精，没有流量就没有关注度，好的功能和内容就无法创造价值。因此，作为互联网平台，我们需要不定期拉动流量，尤其在平台升级、重点功能优化或者优质内容上线时。当然，也有企业选择在学习平台访问量持续走低的时期，通过引流项目提高平台活跃度。

无论在什么时候引流，用什么方式引流，我们的下一步目标一定是流量变现，不能流过就走，还是要"流过来，留下来"，因此，引流项目的后期设计和转换需要悉心设计。

复合型项目

复合型学习项目是从项目形式来定义的，一般指时间周期较长，学习内容与形式组合较为复杂的项目，比如经营管理者、后备干部、高潜人才的体系化培养等。这些项目参与对象可能分布在不同的部门、岗位或专业，模块和阶段的设计更为多元化，甚至有针对不同目标对象的并行执行任务，各阶段输出不同的成果，对学习者每个阶段都有明确且有区别的考核或评估要求。综合来看，对运营的要求也更高。

微学习项目

微学习型项目，更多是纯线上形式的，全程通过网络数字化手段完成各项学习任务，每一项学习任务的颗粒度都很小，所需投入时长也很短。运营中呈现的是项目设计逻辑指导下的轻学习和轻运营特点，更多出现在业务技术类学习项目中。

换个角度，从运营的计划性来看，我们还可以定义另外两种类型的项目，一种是"常规型"，另一种是"临时型"。

常规型项目

常规型学习项目，一般是指以一定频次持续且重复开展的数字化学习项目，每一次内容主题可以有变化，比如很多企业的数字化学习平台上有"××大讲堂""××微课堂""××读书会"等类似项目，这样的活动每期主题内容有差异，但其活动形式大同小异，且都以统一的项目名称冠名。

常规型学习项目与活动，要做出影响力和品质，良好的内容规划和实施标准化必不可少。项目品牌有其整体目标和方向，每一次学习活动也应当有其清晰的目标和教学策略，才可能打造成持续发挥价值的精品项目。常规型学习项目往往是长期运营和迭代的，需要大量运营成本支持，并需要相对固定的团队设计执行，否则很容易流于形式。

临时型项目

临时型项目，一般是为了响应企业一些临时性的业务、决策或者突发事件而发起的项目与相关活动。比如某能源集团企业下属某子公司，因为安全生产把控不严格，导致了严重的安全事故，给员工的人身安全和企业财产带来巨大损失，也给企业的社会口碑造成一定冲击。该公司数字化学习运营人员迅速响应，在一周内快速推出线上安全生产学习项目，通过"线上安全调查+数字化课程学习+数字化案例展示+线上闯关游戏+线上测试"等形式，结合积分模式，在一个月内重新强化了全员安全意识责任，巩固流程规范与相关工具方法，让所有员工重新接受了一次系统的综合安全教育。

做学习项目的产品经理

随着国内企业数字化学习能力的提升，越来越多的培训管理者开始重视用常规型项目助力企业重点业务发展，令相关人员持续得到赋能机会。而常规型项目的背后是"产品化运营"。

什么是"产品化运营"？我们之前提到过，数字化学习项目一方面是学习产品，一方面也是互联网产品。我们要把"学习"和"互联网"这两个标签同时结合到一个产品中，做好两者兼顾的运营，项目才能成功。既然把项目看作"产品"，作为策划实施者，我们就要把产品经理思维代入进去，而不只是简单地把它看成一个"培训班"。如果仍然以过往传统的线下面授培训班概念实施一个数字化学习项目，而忽略"面授"和"数字化"的本质差异给项目全过程带来的影响，这样的项目很难产生流量与影响力，更难体现效果。

"产品经理"思维是任何一个数字化学习项目的设计者必须具备的能力。

作为数字化学习的产品经理型设计者，我们必须拥有以下五项能力：

- 供需分析——精准地获取和分析需求，选择合适的学习技术与模式，评估满足需求的设计与实施成本，并预估投放过后的回报，换句话说，就是能基于供需测算产品效益。
- 产品设计——立足需求，融入行业新技术和发展趋势，结合互联网思维，设计相对领先且能在较长周期内重复实施的学习产品。
- 测试改进——对于学习产品的投放与运作模式了然于胸，能够对学习产品的质量与可执行性进行全面测试和改进。
- 持续优化——能够在产品推广和使用中快速收集信息，发现问题，并根据这些信息问题持续优化。
- 产品升级——一旦需求发生变化，或出现新的学习技术可以极大提高产品功能和效益时，可凭借自身的敏锐性和专业度，快速调整和精确引入，从而升级产品。

"产品化运营"则是从产品设计到运营到迭代优化的整个闭环，产品经理需作为设计者、观察者、改进者涉足其中。

现阶段很多企业逐渐进入数字化学习时代后，不再满足于原有的培训班项目和运营模式，势必对培训设计管理者提出更高的要求。结合产品经理的五项能力，我们设计一个数字化学习项目，需要研究和分析项目的目标对象，要考虑如何长期迭代和运营，并且时刻观察调整，使得投入的成本发挥最大的效益，实现"一次设计，持续迭代，长期运营"。这就要求企业内部具有相对固定的团队来支持项目长期运作，这才可能发展产品、运营产品、固化品牌，直至打造精品。

但是，企业的成本和精力毕竟是有限的，大部分企业不可能把所有的学习项目都深耕为品牌化项目，此时，选择比进击更重要。

我相信每位培训设计管理者对每年的培训计划制订都很熟悉，培训计划的制订过程，很大程度上是聚焦企业核心业务与核心人员的过程。把培训焦点放到能为企业带来最多效益、创造最大价值的人群，是企业人才发展永恒的主题。因此，在数字化学习平台中，必须保有为核心业务与核心人群服务的专有入口，可以是品牌学习项目入口，可以是知识内容包入口，可以是在线援助入口等，而且要确保相关内容的持续迭代，以及相关师资在平台中的应用。

对于一些在运营定位上已经步入"高度融合型"阶段的企业来说，数字化学习项目的产品级运营再继续发展演进，未来可能发展为生态级运营，那是更为理想化的模式。届时，无论是用户还是运营团队，无论是项目或者各项活动，彼此之间能够相互驱动，形成良性循环。背后，是成熟的流程体系、运营支持体系以及专业的产品优化系统。这就要求数字化学习平台上常年运营的产品或项目的数量够多，覆盖度够高，能覆盖整个组织所有的重要人群，从新员工到基层管理者到中高层管理者，从业务骨干到专业人才，从需要进行岗位技能认证的人员，到后备人才团队等。每个人在有任何学习需要的时候，都能第一时间在平台上或体系中找到甚至加入当前正在运营的项目，实时启动各项学习活动。用户还可以灵活地往项目池中补充内容，业务部门可以根据业务发展随时迭代内容，而运营团队也已具备强有力的运营机制和专业化流程——知道在什么时间点要推送什么，什么时间点要跟踪什么，优化迭代发生在什么时候最为合适，项目要展示哪些成果，播报哪些数据，如何打造项目的影响力，怎样源源不断吸引更多人关注和加入这些项目……这就是生态级运营。它更像是一个数据驱动的全自动学习产品生产线，客户需求数据从一端导入，生产线自动分析、生成产品、包装出库、出售、升级产品，产品方案包和实施细节从另一端导出……嘿，是不是可以畅想一下，或许这

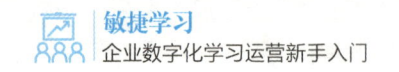

就是未来很多企业的数字化学习发展景象！

诚然，生态级运营对任何一家企业来说，都需要经过一段漫长的不断发展和完善的时期，甚至很多企业仍然认为这是遥不可及的运营境界。但是对于各位培训管理者而言，至少在能力范围和工作职责内，把产品思维运用到日常工作中，比如，在每年年底的时候做好下一年的学习项目的规划。思考计划中的项目，哪些用来支持业务？哪些用来引流？哪些能转换成常规型产品启动持续运营？在项目的运营过程中，来自业务部门的资源、来自培训部门的资源、来自第外部三方机构的资源分别有哪些？各项资源如何整合才能把项目做好？

总之，数字化学习项目的设计运营，归根结底都是为企业战略和业务服务，而我们的目标，也是从需求端入手，从支持企业战略业务的成长入手，设计实施有效的项目，发挥数字化学习优势，体现数字化学习的价值。

案例

某保险公司战略业务转型学习项目

A公司原为中外合资以车险业务为主的保险公司。2019年12月，随着某国外跨国公司的收购和全额持股，A正式成为外资全资保险公司，于全国20个省份开设了25家分公司及93家支公司。同一时刻，企业战略发生重大转变，需要从以传统车险业务为主的保险公司，快速转变为以全面的保险解决方案，满足中国客户日趋多样化的需求的保险公司。

对于A公司每个员工来说，最艰巨的挑战在于，所有的销售和理赔人员，只从事过车险业务的销售和理赔，对于新业务的到来完全无从下手，普遍反映没有客户、没有方法、没有工具、没有经验，导致大部分员工仍然用车险的理念推广非车业务，困难重重，信心骤降。企业需要快速推动员工从过去的车险业务思维转变成全业务思维，并在此基础上开拓市场，销售产品，服务客户，在企业转型期迅速赢得市场，创造价值。

当A公司培训管理部门准备发动全员培训时，恰好遭遇了2020年初的新冠病毒肺炎疫情，原来的课程开发和培训计划全部搁浅。而疫情所催生的重疾险、医疗险等业务需求，又对A公司的业务部署能力带来冲击，一方面是市场与客户的迫切需求，另一方面是无法开展培训相关工作来提升员工推广新业务的能力。

2020年4月，A公司和我们取得联系，共同探讨对策。基于当时的情况，我们通过多次会议逐步分析并聚焦了以下信息：

1. 急需进行能力提升的目标人群：全体非车业务产品销售和理赔人员。

2. 急需聚焦的业务场景：零售险、商业险、健康险。

3. 急需收集目标对象在重点场景下的展业问题。

4. 急需确定我们需要为目标对象输出哪些内容，才能为他们快速解决问题。

5. 疫情当前，我们可以用怎样的方式实现目标对象的敏捷赋能。

企业数字化学习运营之难，不得不提到内容。内容的开发和运营，一直都是很多企业数字化学习设计运营中的难点。常见的问题包括：

1. 要开发哪些内容；

2. 开发成什么形式；

3. 由谁来开发；

4. 开发过后怎么应用；

5. 如何评估这些学习内容的有效性。

基于以上问题，我们共同制订了一整套方案——以直播培训技术为核心，实现非车业务销售和理赔人群的快速能力转型。这里的直播技术，不是简单的到线上去讲课，而是在厘清业务需求基础上，涵盖"（适合的）直播平台选型＋（问题导向的）快速直播课程开发＋（种子培训师）直播教学能力培养＋（面向目标对象）直播课程赋能"一体化方案，服务A公司新业务推广时期广泛快速的培训需求，这里的"广泛"二字背后是覆盖率的要求，"快速"二字背后是速度的要求，而这两项恰恰都是数字化学习的强项。

为什么选择直播而不是其他数字化内容形式？因为在此期间，转型相关业务正在快速更新和推进，直播所带来的"人课合一"的模式，是确保对应课程能够快速生产和传播的保证。

为了帮助A公司在最短时间培养最具战斗力的新业务推广和服务人员，我们围绕"任务驱动—问题解决—成果验证"的思路，设定项目服务的终极目标对象为"全体非车业务产品销售和理赔人员"，由新业务专家团队带领精英种子内训师，共同研发直播课程，并在项目中为种子内训师进行直播授课和辅导能力的同步培养。项目后期由种子内训师直接面向全体非车业务产品销售和理赔人员交付使用。基于上述思路，我们为A公司做了如下项目规划。

第一阶段：任务驱动，聚焦问题，确定目标

首先，我们通过向A公司所辖21省分支公司进行大范围问卷调研，了解非车业务销售和理赔人员工作中的难点和所需支持，并对问卷中出现的分歧问题进行了澄清性访谈。

接下来，我们从问卷中提取了关键信息，对照企业战略转型对相关人员提出的能力要求，分析出能力差距，并从中定位本次项目着力解决的问题，形成清单。

然后，我们从A公司HR部门了解到，意向参与本项目的种子内训师，在日常授课辅导中的能力现状如下：

1. 擅长线下互动，但目前的在线培训无法发挥，缺乏线上互动；

2. 授课形式以宣读PPT的形式授课，效果欠佳；

3. 数字化学习平台上的课程多为录制视频，缺乏互动。

在收集了新业务推广对目标受众的能力要求，结合目标受众自己提出的能力改进障碍，以及融合项目中间人员也就是种子内训师的能力现状后，我们为项目设定了三大目标：

1. 开发两套转型期业务直播课程，分别为新产品销售系列与新产品理赔系列；

2. 培养一支能够讲授目标1中课程的直播培训师团队，未来有能力开发和讲授更多新业务直播课程；

3. 在课程开发完毕后2~3个月内完成所有课程首轮展播，观看人次数达到1万。

第二阶段：解决问题，分步赋能，推动落地

应对第一阶段中收集的业务问题和能力差距，第二阶段，我们设计了三步赋能和落地流程。

第一步：面向问题解决的非车业务研讨和经验分享工作坊。

通过总部工作坊形式，我们召集业务专家和产品设计人，现场展示了前期问卷结果和反映出来的问题。面向这些问题，大家共同研讨和梳理新战略下的业务场景框架，为后继课程开发选题指引方向。

同时，我们使用角色扮演的方式，现场碰撞并提炼出核心业务场景下的关键动作与关键话术，为后继课程开发提供重要素材。

工作坊成果经过后期整理分解，提炼出60个课题，为第二步课程开发划定了主题范围。

第二步：分解课题，定向招募，为种子培训师赋能。

在第二步中，我们的执行重点落到有意愿参与到本项目中的种子培训师团队。应对前期定位的互联网课程开发和教学的目标，我们设计了"5次线上直播式学习+5次作业+一对一批阅辅导+1次直播demo反馈+2天线上直播考核"的赋能流程，用直播的方式学习直播技术，形成完整的"听课+体验+演练+反馈"学习过程，使受训者掌握在线互动式直播培训的基本设计方法和操作流程，并有能力独立设计并实施一次完整的在线直播课程。

具体规划如下：

考虑到A公司暂时未引进自有直播平台，为保证时效性并降低成本，我们为其选择支持多人视频互动的免费公共直播平台为其首选平台，直播实施平台选择了企业微信。

在精英内训师招募期间，我们通过推送线上先导微课"直播讲师是如何炼成的？"为后继课程预热，提前让学员了解直播培训师相关要求，同步于A公司内部学习平台、学员群、公众号宣传推文中播放，让学员提前进行互联网时代授课理念的更新。

内训师招募完毕后，我们将内训师按人数分组，并为每个组配备了一位前期参与非车业务研讨和经验分享工作坊的业务专家作为导师，以保证后期产出课程的内容专业度和实用度。

此外，我们设计了项目全程积分制，所有的课程出勤、发言、分享、打卡、作业交付、作业质量等动作成果，均能获取相应的积分记录，并在项目结束前兑换奖品，而奖品设计的是直播培训师所需各种设备与器材。对于所有直播赋能课程我们都设定了解锁式学习机制，必须出勤上一次课程，完成相关练习作业，才能够进入下一次课程的学习。事实证明，在紧张活泼的运营保障下，即便内训师们本职工作非常繁忙，也都在高强度的后来被称大家之为"魔鬼训练营"的项目中，保质保量完成了各项任务，最终60名成员只有1人因为身体原因无法出勤课程退出。

整个过程，我们设计了隆重的线上开营仪式和导师、组长宣誓仪式，并在开营仪式现场完成了每位内训师的课题认领，所有课题均来自非车业务研讨和经验分享工作坊的研讨结果。通过仪式感的建立和任务的确定，强化种子培训师们的学习动机，以及对未来成果产出的自我承诺。

正式赋能阶段的每一次课程，都有严格的出勤考核、练习反馈和跟踪评价机制，确保每次课程效果。同时，对全过程中不同阶段的产出物定义了严格的交付规范与标准，使其能够达到企业新业务推广预期的培训交付要求。

各小组的业务专家导师在该阶段发挥了重要作用，对所有课程产出物进行了严格的审定，并于教材和讲师手册制作期间辅导组员不断打磨课程，基于第一阶段工作坊共创的话术与案例，进一步补充丰富和优化内容，达到项目既定的标准和要求。

直播课程开发完毕后，接受直播授课赋能的所有种子培训师，每个人带着自己开发的课程，进入直播间参与模拟直播，接受赋能导师、业务导师和其他内训师的评价，继续完善和提高直播授课能力。我们对每位内训师进行了严格的点评和打分，要求必须达到既定分数，才能带着课程进入第三阶段的展播，否则必须持续练习直到达标为止。

第三阶段：成果验证，全网展播，人课共推

第三阶段，是面向终极受众对象，也就是分布在全国各地的非车业务销售和理赔人员开课，以此验证课程的效果，并快速传播新业务发展知识技能。

我们所使用的方法是将产出的所有课程进行为期两个多月的排片、预热和按计划展播，内部通过各种渠道分发广告，接受专家和业务人员的反馈，并进行课程PK。对于评分较高的课程，持续向不同地域分支公司机构推广；评分不高的课程，则撤回重新打磨。

经过上述三个阶段的开发、培养与推广，该保险公司在疫情期间，快速将新业务销售与理赔技能推广到各级公司人员，为疫情期间的业务发展起到巨大的推动作用。

基础保障

所谓基础保障，就是整个平台及其承载的项目、内容、活动等的正常运行所需的基础支持。没有基础保障，一切运营管理的根基都是不牢固的，缺乏稳定性与持续性。

基础保障包括我们整个运营的组织架构、人员编制、内部和外部的合作伙伴及对应服务支持的机制、要求和标准，还有相关的管理制度、流程规范体系、推进举措和激励措施，这些都是数字化学习运营可持续发展的基础。

从组织架构和人员编制角度来说，我们需要确定运营系统整体组织的结构模式和每个节点的人员编制，比如是一级一级垂直向下兼容式运营，还是各单元独立运营；各层级岗位职能设置是怎样的；人员是专职的还是兼职的；各级运营管理者的职责如何区别等。

在运营组织架构基础上，我们还需要寻找一些合作伙伴，可以来自企业内也可以是企业外，比如系统维护团队、热线服务团队、课程开发团队等。对于应用规模较大的企业，还需成立一个完整的服务响应体系，及时满足不同用户的需求。一个常见的运营服务响应系统可以为企业承担图4-7中的各项任务。

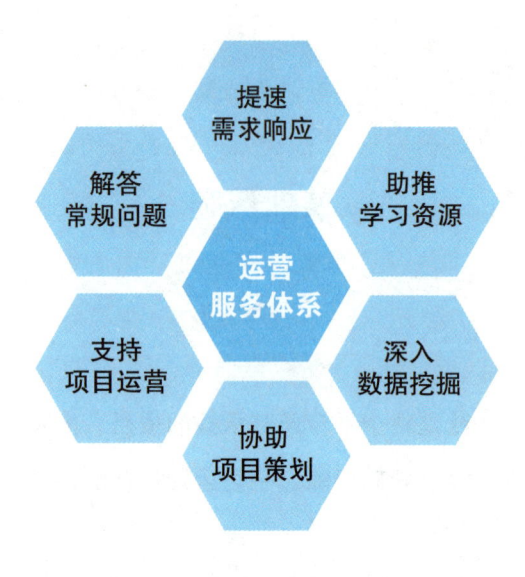

图 4-7　常见的企业数字化学习运营服务响应系统

我们并不主张所有的企业都要配备一个专业团队，形成如图 4-7 所示中的服务响应系统，因为这确实有较高的成本，尤其是培养和磨合成本。但如果一个企业的数字化学习需求符合以下所有条件：

- 平台用户规模超过 10 万；
- 运营定位是"敏捷响应型"或"高度融合型"；
- 常规型学习项目在运营中占较大比例。

则我们建议尝试配置这样一个团队，可以是内部团队，也可以外包给第三方机构，它一定能使运营效率大大提升，并协助管理者设计和输出高质量的数字化学习项目。至少，它能释放我们频繁接听热线电话、解答重复问题的时间和精力，将我们从海量的事务性工作中解脱出来，以更高层次的视野和专业化姿态，聚焦企业数字化学习发展中的研究和策划工作。

孟子曰："不以规矩，不能成方圆。"对于一个良性运作的体系，管理制度和流程规范不可或缺。企业数字化学习运营体系中，一套有效的规范制度体系，需要起到以下作用：

- 定义各级的角色和相关的职能；
- 规范平台使用的准则；
- 规范知识资源内容体系的开发；
- 激励各级管理者、教学者、辅导者参与；
- 维护平台社交秩序；
- 推动全员数字化学习应用。

这些方向如果形成相应制度和规范内容，可以参考的主题清单有这些（包括但不限于）：

- 数字化学习平台应用管理办法；
- 员工数字化学习管理办法；
- 数字化学习项目流程管理规定；
- 数字化培训师管理办法；
- 数字化课程开发和管理办法；
- 数字化案例征集规范；
- 线上学习社群管理办法；
- ……

最后不得不提一下数字化学习有关的激励体系和推进举措，我们也建议提前规划。数字化学习的高效运营离不开平台技术支撑，很多激励手段通常同步需要对应平台功能的支持，比如积分和身份升级计划，如果没有提前规划并加入平台的功能序列，积分或身份升级就无法真正实施。当然，激励手段多种多样，更多要依赖我们日常的运营中的思考和创新。

经实践，比较可行的平台级激励措施包括：

- 积分体系 / 身份升级体系

员工的学习记录和学习成果能够得到相应的积分，当积分累积到一定数量，可以换取奖励，这个奖励可能是实物，也可能是权益等的奖励，比如 M 企业的员工数字化学习积分达到 10000 分，可以兑换一次外部公开课的机会。部分企业甚至会根据积分的数量级区分员工在平台中的身份，如"初学萌新""热血少年""资深学者"等，较高等级身份在平台中可以解锁额外学习资源。

- 定期学习数据通报

根据企业数字化学习运营发展的不同阶段，部分企业会在不同的时间周期通报各级单位或部门的学习数据，使得不同分支机构能全面了解各单位与部门的学习情况，找到差距。

采用月报、季报还是半年报等周期，取决于企业数字化学习的促动力度和发展阶段。一般在发展初期时，为了帮助各单位形成良好的学习习惯，周期可以短一些，发展到稳定阶段后，可适当拉长周期。此外，我们建议在通报优秀学习单位的同时，同步收集优秀单位的经验与案例，与数据一起发布，提供兄弟单位和部门参考学习。

- 年度应用报告

年度应用报告是"定期学习数据通报"的一种特殊形式，也称为"年报"，是将全年的学习数据、项目经验、典型案例、典型人物等进行一次综合通报。我们建议在年报的数据呈现时，重点分析和展示各项数据的生成及变化背后的原因，包括人员流量、学习量、覆盖率、资源建设、项目开展和下沉、关键词检索等重点数据差异分析，以及重点数据非正常浮动分析等等，给出相关的建议。同时，在年报中必须要将下一年数字化学习的应用方向和重点项目提前介绍，做好运营引导，帮助分支机构建立新的运营目标。

- 年度表彰（组织/项目/个人）

年度表彰是很多企业数字化学习运营中常用的手段，一般会对运营出色的组织、项目与个人进行多维表彰，具体奖项与当年企业数字化学习运营重点结合设计。

这里重点要关注项目类和个人类奖项。通常项目类奖项是对影响力大、价值度高、创新性强的数字化学习项目进行表彰。而个人类奖项要兼顾所有为数字化学习发展做出贡献的人群，除了培训管理者之外，利用数字化平台进行教学辅导的内训师、业务部门的数字化学习推动人甚至支持企业数字化学习发展的各级领导等都可纳入表彰范围，才能激励与吸引更多人员参与到企业的数字化学习运营中。

- 年会

年会通常是与年度表彰结合举行的，在年会上，各个企业一般会设计以下活动或议程：

√ 年度应用报告展示解读；

√ 年度表彰；

√ 获奖单位经验分享；

√ 获奖个人案例分享；

√ 下一年发展方向与重点项目研讨共创；

√ （外部）先进企业参观交流；

√ （内部）先进单位参观学习；

√ 数字化学习主题培训（趋势引领/运营方法/数字化内容开发技术/数字化教学技术/项目开发实施技术等）。

- 明星学员上榜

结合移动时代社会化学习特点，我们需要经常为员工树立学习标杆，明星学员上榜就是常用的方式之一。通常我们可以线上线下结合，在学习平台首页、公众号、内部其它平台如HR/OA等、内部社群甚至朋友圈等，使用图文方式宣传；同时，在电梯屏幕、办公区域过道、宣传栏等展示张贴。明星学员要根据学习数据定期评选，多种角度的学习数据交替，有一定轮换机制，让更多员工得到展示的机会。

- 明星教辅专栏

"人"永远都是保持平台活力的第一要素。传统的企业学习体系中，内训师和业务专家通常通过面授培训与辅导开展教学活动，虽然能够与学员面对面亲密交流和互动，但能够覆盖的学员人数和机构范围仍然是有限的，同时很多业务专家会受到工教矛盾的影响，本身是企业中的骨干，工作特别繁忙，还要参与各种培训任务，应接不暇力不从心。如果我们为有意愿将线下教学迁移到线上的内训师和专家，开辟线上教学的空间，比如"小A老师专栏""每周销售专家坐堂"等，内训师根据自己的工作节奏，选择实时（比如直播）或非实时（比如录播）发布教学内容以及组织互动活动，这样的方式能够推动企业内训互联网化，带动平台中教学互动型的流量。教学互动型流量相比学员自学型流量，是引发更高质量学习效果的过程，通过教学辅导人员的引导，学员将沿着更为合理的学习路径完成学习，而学员的疑问也能得到比较及时和专业的解答。

除专职培训师或教学人员外，为了不影响企业内部上线提供教学服务的兼职内训师与业务专家的本职工作，很多企业和机构采用了轮值制度，提前约定轮值期内教辅人员每天需要上线讲解或辅导的内容和时间。当然，这种方式背后也需要完善的激励措施去提供保障。

● 精品项目官方推荐

一个良性运营的学习平台，保持稳定数量及流量的学习项目实施必不可少。学习平台一旦缺少活跃的数字化学习项目支持，很容易进入停滞期。优质的数字化学习项目，从互联网产品角度看，其话题度和影响力都应该是佼佼者。一般情况下，即时切中企业当前热点的项目，能够带来较高的短时流量；为企业核心岗位人群服务的项目，能够带来较长时间稳定的流量。

作为平台的顶层运营管理者，如果我们发现下级单位策划并成功实施了优秀项目，及时宣传推广这些项目，甚至优化和重新包装，带动其它单位跟进，相当于做了"1×1=N"的工作，这个N是我们推广的下级机构数量，一次设计，多轮实施，把流量热度传播到了除初始设计单位外的更多机构。一些有明显时间窗口期的项目，比如银行或保险公司"开门红"学习项目，假如某个分行或分公司成功实施并取得了很好的成果，作为顶层运营者第一时间将该项目的做法和经验推荐到其它分行或分公司，共享课程师资，带动更多单位实施类似项目，就能很好地支持企业重点业务的发展。反过来看，这对运营管理者是否有前瞻性的业务跟踪能力，是否与各级应用单位有畅通的信息交流机制，是否有足够的数据观察和分析能力息息相关。

到这里，我们把整个数字化学习运营体系的组成进行了较为细致的拆解，提供刚刚进入企业数字化学习运营领域的朋友参考，希望对大家有所帮助。

对于更多已经着手运营工作的伙伴而言，数字化学习的推广和运营中的挑战更令人棘手。接下去的篇章，将会选择一些日常推广运营中的难点进行探讨。

第五章
运营有障碍，怎么破

第五章
运营有障碍，怎么破

数字化学习作为新的学习形态，在每个企业和组织推广和运营时，一定会遇到不同的问题，至今为止，我还没有见过任何一家完全一帆风顺畅通无阻的企业。

从推广初期用户的了解和接受，到运营中期的流量维持、内容生产和项目设计实施，再到后期的深耕战略、深化应用等，不同的阶段、不同的运营定位，不同的行业特征、不同的员工背景等，面临的挑战不尽相同。

初期推广阶段

对于刚刚起步进入数字化学习的企业，常见的现象是，一开始员工觉得还挺新鲜，学习流量和活跃度数据比较理想。随着新鲜感过去，学习数据很快出现下滑趋势，部分员工反映对这种新型学习方式仍然不太习惯。更为突出的问题是，业务部门、内部专家等，与数字化学习管理团队的协作往往也不够深入。

有些企业在与我们交流时经常提到，公司一直在力推数字化转型，同步也在宣传数字化学习。理念层面，员工对数字化学习的初步认知还是具备的。可是真正到应用层面，推广还是有不少障碍。不少集团性企业典型的情况是，总部的数字化学习开展和推进比较顺利，往下到了分支机构则困难重重。

有趣的是，当我们了解企业为什么要开展数字化学习时，超过 40% 的企业认为很大程度来自业务部门和下级机构的培训需求。业务部门期待专业能力快速提升，员工期待个性化学习，培训部门也在把资源向重点业务人群倾斜，但为什么结果仍然不尽人意？

究其原因，数字化学习的"运营"是分阶段的，不同的时间阶段，运营重心需要有不同的倾斜方式。

企业刚刚引进数字化学习平台，启动数字化学习体系建设时，运营的重心是"推广"，包括从上到下的理念宣贯、有张有弛的形式融入、潜移默化的习惯培养等。当大家普遍认可与接受"数字化学习"这一新型学习模式后，后继的深度运营才成为可能。而"推广期"必须要给足时间,无论是理念的接受还是习惯的培养,都不是一朝一夕的事。

比如某些大型集团公司总部推广比较顺利,一部分原因可能与总部经常组织面向重点人群的数字化学习活动,诸如新员工、重点专业岗位员工、不同层级的管理者等,这些人群本身就是被各级管理者、重点业务部门和行政部门共同关注的人群,他们的学习过程也会获得广泛支持。此外,总部还会经常组织面向全员的数字化学习活动,比如企业战略文化宣贯、安全意识、风险防范、规章制度等,通过文化和制度的渗透,潜移默化推动数字化学习在组织中的融入。同时,相比下级分支机构,总部的宣传力度更强,可投入成本更高。除了参与学习的人员有切身感受以外,相关部门和管理者也参与进来获得实际体验,及时没有参与学习,其他人员也能通过各种宣传和展示活动,了解和观察各种学习活动的进展、氛围。这些都让大家对数字化学习产生了较为持续和良好的体验感,接受度更高,也愿意继续尝试和应用。

反之,下沉到分支机构以后,无论是运营人员配置、可支配成本、项目活动的频次、宣传力度等可能会有一定程度衰减,所以形成了体验和接受度上的较大差异。

为了解决初期推广的问题,我们不妨尝试下列几种做法,或许会有些帮助。

先小范围试点,再全面推广

对于规模较大的企业,数字化学习推广建议从试点开始。试点,就是在全面推广普及前,先选择小范围人员、机构或聚焦一到两个项目进行试运营,在过程中发现问题、总结经验,积累运营方法,确保平台、内容、人、项目、活动、机制等共同形成相对明确的运营系统,并能正常运作,再全面普及推广,这样能避免大范围推广运营时可能出现的重大问题。而这个时候,运营团队也具备了一定经验基础，后继的工作能够更为合理有效地铺开，员工的体验感更好，接受度当然跟高。反过来说，一旦平台、内容和运营机制都不成熟，就急着推广，给广大员工和各级领导干部带来糟糕的第一印象，日后深化运营时必然遇到更多阻力。

当然，选择合适的试点人群、试点机构、试点项目非常重要。试点对象可以从新员工、高创收岗位人群和过往培训很难覆盖的群体中选择。

一方面，新员工是大部分企业数字化学习试点的重点人群，也是组织业务发展的重要储备力量，必然受到各级管理者的重视。另一方面，新员工年纪轻，心态开放，作为和互联网共同成长的一代人，他们对新兴的数字化学习形式的适应度和配合度都不错。

企业高创收岗位人群在不同的行业企业，可以是不同的受众，由企业盈利模式决定。比如有些企业是销售人员、客户经理；有些企业是产品研发人员；有些企业是客户服务人员等。这部分员工往往受到企业高管和战略业务单元的关注。他们的一举一动、学习过程和成果，经常能够取得董事长、总经理和重要业务部门的支持。如此一来，我们在面向高创收岗位人群设计和实施学习活动时，就有机会争取到更多资源，而且，只要我们确保该群体的学习成果，就会获得更多管理者认可。

对于过往传统线下培训的低覆盖人群而言，他们可能连续多年没有机会获得任何培训。我们通过数字化学习方式，恰好可以快速解决这些人员的培训覆盖问题，让他们有机会获得与其他人一样的学习机会和内容，并体验到数字化学习的效率和乐趣，甚至让他们感受到学习到的知识和技能如何快速应用到工作中，那他们对数字化学习的口碑就有所保证。

所以，新员工、高创收岗位、培训低覆盖人员，这三类人群都是我们可以选择试点的人群。对于不同的人群，我们需要策划不同的项目开展试点工作，这三类人群在试点项目的设计方向上是有差别的。

对于新员工、年轻一族，他们特别喜欢项目中所包含的趣味性、协作性较强的活动，而"围观"的其他员工会觉得很热闹，"吃瓜群众"的好感对我们后期其他项目的工作开展有着巨大帮助。所以，对于年轻一族，试点关键词是"人气"，结合年轻人的偏好，让活动形式、套路和玩法尽量热闹好玩，保持项目人气和流量，同时吸引更多"吃瓜群众"一起来凑热闹，比如捧个场、点个赞、转发一下、评论一下。让员工感觉到原来数字化学习可以这么多人参与，可以这么活跃有趣，内部的交流可以产出这么多成果呢。

对于高创收岗位人群，我们一要加强跟相关业务部门的沟通，二要更加关注受训对象训前训后的行为和绩效变化，用可见的行动转变和绩效数据变化，让业务部门看到数字化学习的成果。所以，这个人群的试点关键词是"变化"。

而面向过往面授培训的低覆盖人群，我们的运营关键词则是"覆盖"。怎样可以使这些人员尽可能参与到项目与活动中，第一时间接收到信息，完成相应的学习任务。我们的跟踪方式是什么？推广方式是什么？什么样的内容形式是最适合的？如果能探索出一套可行有效的方法，就能为日后更大范围的推广打下基础。

对于前面提到的分支机构数字化学习推广，我们也可以尝试一下"试点"策略。对于分支机构，我们通常建议把试点重心放在"功能试点"上。

目前，国内的数字化学习平台功能都比较丰富，技术升级也很快。如果起步初期就要求所有的分支机构全面使用所有功能，对于下级公司的培训经理和员工而言，压力是很大的。我们可以先选择一到两项平台核心功能，比如培训项目的数字化管理、直播教学、游戏式学习、AI陪练等，让几个不同的区域公司或业务单元根据各自的需求尝试使用。在试用过程中，一方面，我们可以进一步明确相关功能的应用场景和使用难点，为以后的推广宣传积累素材，为大范围应用的策略和场景扫除障碍，使得未来用户接受度更高。另一方面，如果我们将试用单位的应用案例和成果进行宣传推广，无论是对于提高数字化学习技术知晓率，还是激发更多单位的兴趣，都是很有帮助的。

首先，在选择试点机构时我们也要适当聚焦，尽量选择本身对数字化学习有比较强烈的需求和意愿的业务单元或者分公司，否则后期沟通非常吃力。其次，如果试点机构内部有支撑数字化学习推广的的人员，哪怕有一个人适度承担该机构的试点实施和信息反馈工作，那就更完美了。最后，如果对方已经有一些初步的想法，希望借助数字化学习方式实现，我们可以与其共同策划一些项目切入试用期，试点的综合效益又能进一步提升。

比如，国内某企业数字化学习平台刚上线，正逢其华东销售片区因为疫情，之前策划的内训师教学活动无法组织。该公司就选择了新平台内嵌的直播和学习社区功能，与华东销售片区共同策划了内训师线上比武大赛，把内训师的授课搬到直播平台，大家足不出户就能实现授课和PK，通过社区拉票集赞，相关专家和员工则通过直播和社区双入口参与观摩、投票和点评。这一试点项目既解决了区域培训的燃眉之急，又成功推广了平台重要功能，同时顺利拉起一波流量，打造了数字化学习的内部影响力。

最后，还是要提醒大家，为了确保试点的作用和效果，不要为了试点而试点，不论面向哪个人员群体或哪个组织机构，试点同样需要进行科学合理的跟踪和掌控。

第一，应用强覆盖

试点应用尽可能多地覆盖目标人群，倡导大家都参与进来。

第二，课程推精品

既然是试点，口碑很重要，推广中使用的课程内容，其质量应该是过关的，甚至是精品课程。不要让大家觉得数字化学习的内容很low，不如面授，数字化课程多样化、生动化、趣味化的特点，想办法让大家都看到。

第三，服务重质量

试点中的支持援助服务要到位，让大家感觉数字化学习的服务支持，相比传统线下培训有哪些差异与优势，体现即时性、互动性、多样性。

第四，全程看数据

数字化学习的强项就在于数据的精准积累和即时可见，因此项目过程和结果的数据可进行一些分阶段多维度展示。

永远不要忘记，数字化学习精准设计、精准运营的背后一定是以数据分析、数据挖掘为基础的。因此，试点结束后我们还要追加"三步"动作。

第一步，"精准分析数据"

做好数据的分析，交出漂亮的数据答卷，或者在数据中发现运营中的问题，及时调整，总结经验和方法。

第二步，"全面宣传成果"

为了打造项目影响力，树立品牌和口碑，试点过程中和结束时产生的所有成果，需要就进行全面宣传，让更多的业务部门，更多的人群产生兴趣，激发他们也想迫切加入的想法。

第三步，"深入复盘改进"

这是为了通过试点改进我们的运营模式和运营方法。所有过程中的工作都需要在项目结束过后进行总结复盘，这样我们的运营才能一步一个脚印，不断进步。

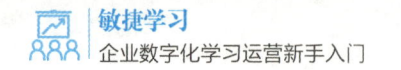

用引流型项目获取关注度

除了试点策略外，还有一种适合在数字化学习初步推广期使用的策略——实施引流型学习项目。

一般而言，引流型学习项目，其主要目的不在于提升员工的能力，而是吸引和制造流量，促动广大员工参与到数字化学习队伍中，加速数字化学习在企业内的推广进程。另外，有些企业虽然引入数字化学习已经有一段时间，但在新功能上线希望引起广泛注意的时候，同样可以通过引流型学习项目来操作。

纯粹的引流型学习项目的最终目标并不要求员工一定要产出与能力或绩效相关的成果，我们追求的是流量。而流量是数字化学习占据员工上网时间、引导员工学习行为的具体体现。把员工在其他网络应用浏览停留的动作拉动到数字化学习过程，把员工在外部学习平台产生的流量牵引至企业内部学习平台，让员工发现企业内部平台的优势与亮点，例如外部学习平台无法获取与岗位能力要求紧密相关的内容；能与业务专家、技术大咖深度交流的机会等。甚至当员工遇到业务或技术难题时，第一时间利用企业内部数字化学习平台解决问题，也就是我们所说的即学即用，即用即学。

常见的引流型学习项目分很多种类型，包括学习型、交流型、游戏型、竞赛型等等，甚至还有多种类型的结合，比如学习竞赛。不同的行业企业，员工的内容偏好和学习习惯存在较大差异。在这里，给大家提供一套可以参考的设计套路（如图 5-1 所示）。

第五章
运营有障碍，怎么破

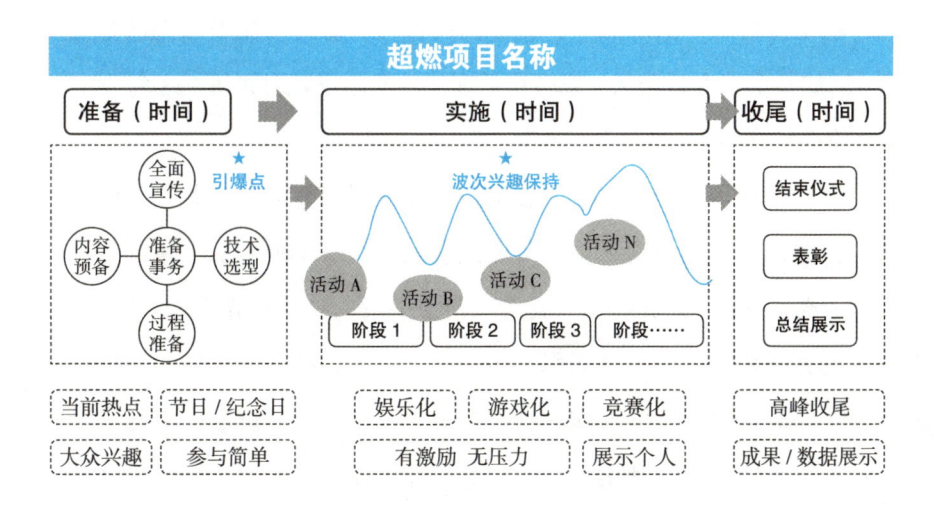

```
┌─────────────────────────────────────────────────────────────┐
│                      超燃项目名称                            │
└─────────────────────────────────────────────────────────────┘

  准备（时间）  →    实施（时间）         →   收尾（时间）

   全面宣传       ★引爆点    ★波次兴趣保持        结束仪式
   内容预备  准备事务  技术选型      活动N           表彰
   过程准备      活动A 活动B 活动C                  总结展示
                阶段1 阶段2 阶段3 阶段……

  当前热点  节日/纪念日    娱乐化  游戏化  竞赛化    高峰收尾
  大众兴趣  参与简单       有激励  无压力  展示个人   成果/数据展示
```

图 5-1　引流学习项目设计要点图谱

首先，我们需要给项目或活动取一个超燃的名称，互联网活动必须做好"标题党"！

接下来可以把整个项目分成三步来设计，包括准备、实施和收尾，分别预设好可能需要的时间周期。

准备阶段，我们可以借助一些社会热点事件、纪念日、节假日，或者当前时间段大家普遍比较感兴趣的话题切入，这些都是能够带来大波流量的元素。此外，准备中要注意，无论是技术选型还是活动设计，都要力求员工在这个项目中的参与尽量简单。如果参与门槛很高很复杂，活动涉及的技术操作又很复杂，很多人会因为畏难情绪打退堂鼓，尝试过一次就放弃了。同时，我们还要准备好内容，规划实施流程，进行线上线下尽可能全面有力的宣传，让更多人知道这个项目或活动。此外，还要预备好相关服务体系，确保活动能正常开展。

一个有效的引流型学习项目是有靶心的，务必做到一击即中。作为项目设计者得明确地知道，这个项目的流量最高峰将产生在什么时候。而这个时间点，就是项目的"引爆点"，我们要用各种可能的引流手段把流量汇聚在此刻，比如某个纪念日当天，或者项目埋伏的悬念揭晓时刻等。这个"引爆点"务必在准备阶段就设计好。

当项目进入实施阶段，我们必须控制好学习内容的推送频率。假设一个引流项目储备了七到八门无论内容还是形式都很有把握吸引流量的好课程，我们是一次性推送，还是分次推送呢？想象一下，如果你是学员，被一个"看上去"挺有意思的学习活动吸引，想来体验一下，结果一次性收到这么多课程……哇，这是"学习大爆炸"吗！是不是好像刚开始燃起的兴趣立刻就要熄灭？员工满怀热情，利用工余时间甚至休息娱乐时间参与到学习活动中，结果第一次参与就接到一个"重磅炸弹"，好像任务太多太重了点呀。再者，这个王炸一扔，后面没有底牌了，没有引流资本了，流量起得快落得也快，无法保持。因此，如果我们希望项目的流量在一定周期内有所保持，可不能把所有的内容或活动一次性全部扔出去，而是根据项目预设的时间阶段和员工参与的情绪起伏线，用波次方式推送内容或组织活动。这样的话，每一门课程，每一次活动，会一波一波持续地带来流量。

"如果能通过一个项目源源不断带来流量，直到永远，该多好……"，"把一个引流项目的周期尽量拉长，就能保持流量了吧……"，嘿，打住，这是不切实际的想法！请记住，为了维持一段周期的流量，一个引流型项目并不是活动越多，周期越长越好。如果一个引流项目时间跨度太久，当员工觉得不再新鲜甚至产生厌倦感，项目热度最终还是会下降，到时，即使内容再好，活动再有趣，也很难吸引大家的兴趣了。根据过往经验，两到三周时间是比较适合的周期，之间一波一波内容与活动运营，实现员工波次式兴趣保持，带动波次式的流量数据，这是最佳的实施节奏。

引流型学习项目的运营关键在于娱乐化、游戏化、竞赛化。实施中，要让大家体验到"只要参与，就有收获"的乐趣。以正向激励措施为主，比如

"你追我赶"、奖品争取、积分排名兑换、徽章展示、明星上位等手段。同时，为了引流，建议不要把上述手段变成压力，比如末位淘汰等不太适合。此外，有些后进的参与者看到排行榜上的学员分数遥遥领先，也会影响他们的积极性，觉得再努力也赶不上。因此，必要的时候还可以适度增加一些人机比拼、双人三人配对比拼等手段，让参与者跟机器、跟平均进度、跟好友竞争，这样能吸引更多人参加，保护大家的积极性。对于那些参与非常积极的学员，如果能够在过程中展示自己或者其输出的成果，也可以把他们树立为标杆，带动更多人参与。

案例

X 公司的引流型学习项目案例

X 公司有个数字化学习平台上线快两年了，流量一直比较低迷，员工平时很少上线学习。而平台恰好上线了一项新功能"帮帮学"，可以实现两到三人一组结伴互助式学习。再过两周就是学习平台上线两周年纪念日，于是 X 公司策划了一波引流活动，主要分为三个步骤开展。

第一步：X 公司从平台中选择了 20 门课程，通过线上线下各种途径发布投票二维码，让员工投票其中"最感兴趣课程"，二维码除了在几个企业内部线上平台和广告区能看到，还招贴到了电梯、食堂、走道等场所。扫描即可投票。

第二步：从投票结果中选择排名最靠前的 12 个课，每周一上午把四门课程的推广图文推送给员工，图文中包含四门课程入口二维码，扫描直接进入课程，连续推送三周。员工看到看到推送消息后，即可拉动身边同事成为三人小组共同学习。小组三人的学习分别以速度值和进度值计分，并积累分数换取排名，每周排名实时刷新，三周后发布总排名。

第三步：活动期间恰逢学习平台上线两周年正日，X公司在当天推出了"学习平台过生日，千言万语送祝福"活动。所有登录学习平台的学员都可以随手输入祝福语，系统随机选择祝福语语录自动汇集成祝福墙。与此同时，X公司还定制了送祝福广告和二维码，鼓励大家在不同工作组中转发，成功吸引更多同事点击链接加入送祝福活动的员工可获取更多积分。在互动转发带动下，很多员工虽然没有参与学习，但也加入了送祝福的行列。这一天，平台流量刷新了历史新高峰，成为切切实实的"引爆点"！

最后，学习积分总排名在前20的小组，所有组员都能根据总分值获得奖品，除此之外还评选了每周学霸小组、进度最齐小组等。转发送祝福活动广告后，成功引流最多的员工也获得了相应的奖励。得奖的学员通过朋友圈晒分数、晒奖品等活动，又为该项目扩散了一波影响力。

从这个案例中，我们看到"自选内容""纪念日""波次引流""引爆点"等多元手段的应用，加上线上线下全方位的运营支持体系，获得了较好的引流成果。

当然，引流的手段多种多样，很多企业都有成功的例子。有些企业的项目仅仅通过非常吸引人的概念包装，即可收获不错的流量，比如某银行针对年轻员工的进阶学习冲破"次元壁"概念，某制造企业针对女员工的连续14天学习争夺"女学霸"棒球帽等，都是通过项目对象感兴趣的概念包装吸引流量的范例。

第五章
运营有障碍，怎么破

常态运营阶段

数字化学习推广初期，通过试点和引流等手段把内部学习的流量推高后，如果没有持续的流量变现策略，员工对于数字化学习的关注度和参与度必然会下降。这时，新问题来了，在经历了初期运营后，有哪些手段可以让平台持续保持热度，并在取得各方面的关注和支持后，顺利进入常态化运营阶段呢？这里同样给出一些可以参考的方法。

敏捷制订短周期运营规划

本书第四章第二节中，在讨论企业数字化学习运营体系的战略部署内容时，曾提到过运营规划。对于大部分企业的数字化学习而言，比较适合的运营规划周期单位是"年"。一份运营规划可以像制订企业年度培训计划一样严谨，从战略到业务再到需求，层层分析，筛选其中需要通过数字化学习方式解决的问题或方向，在此基础上部署内容、设计项目、预设关键执行标准、衡量指标，甚至列出所需配套资源包括功能技术、人力、物资等。这样的规划复杂度比较高，需要跟企业年度培训计划同步进行，是很多企业选择的方式。

但是很多企业的数字化学习运营人员可能身兼多职，没有大量时间投入到较为复杂的规划工作中，如果企业已经有成形的人才发展规划或年度培训计划，或许可以在此基础上尝试使用"四维敏捷规划法"快速构建年度或半年度数字化学习运营计划。

四个维度分别是企业战略、业务技术发展、核心岗位群能力培养以及数字化学习行业趋势（如图 5-2 所示）。

企业战略重点
- 学习战略
- 人才发展战略

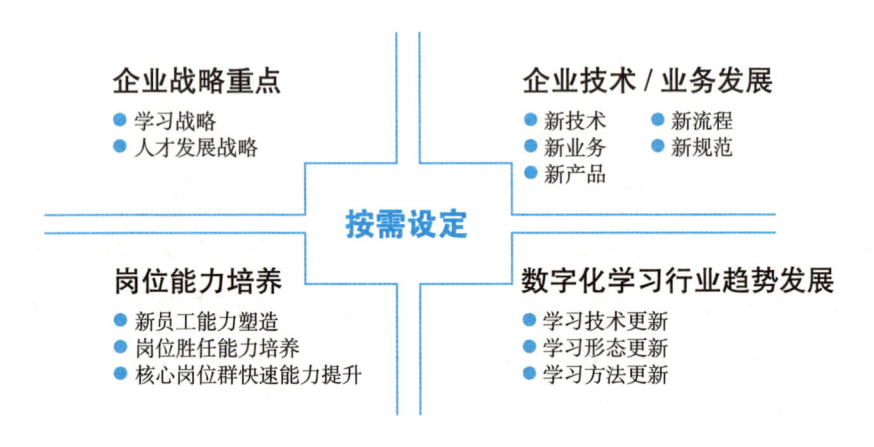

企业技术/业务发展
- 新技术
- 新流程
- 新业务
- 新规范
- 新产品

按需设定

岗位能力培养
- 新员工能力塑造
- 岗位胜任能力培养
- 核心岗位群快速能力提升

数字化学习行业趋势发展
- 学习技术更新
- 学习形态更新
- 学习方法更新

图 5-2　四维敏捷规划法的四个维度

显而易见，这四个维度是企业从上到下、从里到外的规划思考方向，先考虑顶层战略的需求，次考虑面向战略的业务技术发展需求，再考虑这些需求对于核心岗位员工群体能力培养和提升的需求，最后再跨出企业，跟上整个数字化学习行业的发展。

接下来，我们就每个维度需要规划的内容做一些说明。

第一个维度——企业战略

这个维度关注的是接下去一段时间，企业是否有重大的战略变化，是否提出新的战略，与之匹配的学习和人才发展战略是怎样的。也就是说，我们是在企业战略、人才发展战略指引下聚焦新一年行业变化和企业发展方向变化，以及同步产生的学习需求新动向，相关的理念、信息和要求的普及宣贯都需要配套的数字化学习内容以及学习项目来支持。

第二个维度——企业技术/业务发展

这个维度，视野需要下沉到具体的业务和技术层面，关注的是业务产品和服务流程的演进，技术的革新，以及与之相关的工作流程变化和制度规范要求变化等。在有些企业，是与新业务新产品的市场开发、客户解决方案、销售与服务等相关的学习内容，助力新一年（也可以是半年）的核心业务发展。还有些企业，新技术研发、技术设备应用和维护是该维度重点关注的内容。无论是业务产品推广还是技术发展所关联的知识和技能，都需要强针对性的学习内容和学习项目，推动目标岗位的员工理解掌握并应用到工作中。

无论是第一维度还是第二维度，均有很多需全员普及并且对时效要求非常高的内容，这是数字化学习充分展示优势的领域。

第三个维度——核心岗位群能力的培养

不同行业和企业，核心岗位或专业群体有所不同。诸如新员工、各级领导者和管理者、高潜人才等是大部分企业都比较重视的人群，有些企业把销售经理、客户服务岗位视为核心岗位，有些企业把产品经理、技术研发等视为核心岗位。无论是哪个企业，核心岗位群体大都需要定期轮训，不断提升其岗位胜任能力，满足企业业务或技术发展的需要。部分企业甚至为这些群体设计岗位认证体系，通过定期考评与认证，强化这部分员工的工作能力与市场竞争力。这部分人群往往数量庞大，对能力认证的要求也比较高，数字化学习的覆盖优势以及便捷的认证考试支持优势等，都可以很好的体现到这些人员的赋能训练中。

第四个维度——数字化学习行业趋势

这个维度要求运营者密切关注新型数字化学习技术，哪些可以为企业所用。此外，企业内部的数字化学习形态该如何更新，学习手段和模式如何升级，内容开发和应用怎样趋于良性循环，培育怎样的数字化学习生态等，都是这个维度考虑的内容。不过这个维度建议根据企业可投入的成本与可调配资源量力而行。

如果我们把四个维度整合到一起，就形成了一个四维敏捷规划法的工具表格，可称为"四维敏捷规划表"（如表5-1所示）。纵轴是我们刚刚所展示的四个维度，包括企业战略、业务技术，岗位能力以及数字化学习行业趋势跟进；横轴是基于我们关注的这四个维度，从内容到学习形式到计划频率，再定义计划使用的平台功能或栏目。

表5-1 四维敏捷规划表（参考）

关注维度	关注内容	预备形式	相关计划或频率	平台/栏目
企业战略				
业务技术				
岗位能力				
数字化学习趋势跟进				
其他				

表5-2展示了一张四维敏捷规划表的填写示例，是某银行的运营规划内

容的部分摘录。在战略方面，他们近期重点是严控风险，把强化风险管理和加大不良资产清收力度作为当年重要工作。应对这项内容，该银行预备的学习形式是风险管控制度条例的深化学习、风险管控典型案例学习，以及不良资产清收案例的学习。制度条例学习方面，他们计划由官方开发内容，组织全员学习。案例学习计划从各级分行收集典型案例，经过筛选加工再分享给各分行支行，"取之于民，用之于民"。

表5-2 四维敏捷规划表使用示例–某银行运营规划部分摘录

关注维度	关注内容	预备形式	相关计划或频率	平台/栏目
企业战略	风险管控	相关条例+案例学习（官方+民间）	条例推送阅读+官方案例直播 分行案例收集—案例筛选加工—微课或直播	公众号 直播平台
业务技术	个人业务—个人贷款类产品	微课程体系开发+微课学习（官方+民间）	个人贷款产品微课体系建设 微课系列学习打卡	学习App
岗位能力	综合柜员能力提升	岗位认证项目（官方）	线上课程学习/线上导师辅导/线上考试/线下实操/线上发证	学习App
	零售财富营销人员能力提升	营销案例学习（一对一访谈式直播）	访谈经典销售案例，两周一次形成固定项目品牌	"与明星销售同行"直播课堂
数字化学习趋势跟进	直播式培训微课赋能	创建两个直播品牌栏目 举办一次微课大赛	培养一批直播网红内训师 创建"与明星销售同行"直播课堂 创建"财富八点档"直播课堂 利用微课大赛开发个贷系列微课	
其它	定期引流	线上读书会节日活动	线上读书会：两周一次	学习App

计划和频率方面，制度条例内容使用分期图文推送阅读模式，而案例则通过直播案例解析和微课两种形式传播。

在功能平台和栏目选择上，制度条例推送阅读和案例微课传播，计划使

123

用内部学习公众号推送。案例直播课则通过内部学习平台实施，同步在学习公众号上嵌入直播入口，合并线上线下宣传引流来操作。

表格后面几行，是另外三个维度的任务计划，从中我们也能发现：

业务方面

个贷产品的更新，计划通过微课体系建设和快速开发，实现个人客户经理的快速赋能，这项工作，直接与"数字化学习趋势"中的微课大赛关联。

岗位能力方面

银行关注的是两类人员的能力提升，一类是综合柜员，另一类是零售财富产品营销人员。综合柜员的能力提升项目是一个线上认证项目，这个项目的所有学习任务和活动都计划通过在线学习形式完成，实操部分在线下完成，项目应该是部署在他们的企业学习 App 中。对于零售财富产品营销人员，考虑到他们对学习的需求更倾向对工作结果有直接帮助的内容，计划通过直播的方式来学习；直播里的"一对一访谈"，是让有丰富经验的销售精英现身说法，通过直播访谈形式提炼出可复制的业务经验技巧，形成经典案例；两周一次的固定频率是考虑到他们平时比较忙，这样的频率刚刚好，不会给他们造成负担，同时也有利于这个培训项目往品牌化的方向发展，逐步落地为"与明星销售通行"的直播课堂栏目。

数字化学习趋势跟进方面

该银行接下去关注的技术是直播和微课，直播的发展已经体现到"与明星销售通行"的直播课堂栏目建设中，与此同时，直播培训师的培养以及培养后的实践栏目"财富八点档"，也已经在筹划中。微课发方面，为了实现个贷岗位全系列微课在最短时间内开发投入使用，该行预备用一次微课大赛带动全员共创。

此外，如果有不包含在"四维"中的重要任务，比如引流活动、制度建设、功能或体系的完善等，也可以在表格下方补充一行"其他"，比如这家银行的计划中，还包含线上的读书会和一些节假日主题的引流活动。

"四维敏捷规划法"应用及其规划表的填写，并不涉及学习项目或者活动的具体设计，只是先列出重点项目或运营要点。接下去，我们就可以根据四维表格，结合初定时间给出一个大致的全年或半年的运营计划表，用于查看任务分配的密集度，测算一下所需资源和工作量。

需要提醒的是，在年度或半年运营计划表制订以后，执行计划之前，别忘了根据我们的资源配置和可投入成本进行适当筛选，把这些项目和活动按重要级排序，哪些是必须要实施的，哪些是可以视情况进行选择实施的。这样执行计划时更灵活，也更容易在特点时间段凸显数字化学习效益。

瞄准三大时机，获取运营支持

很多企业的数字化运营工作在度过推广期，进入常态运营期后，仍然会陷入不被理解和支持的境遇。比如下级机构抱怨数字化学习管理给他们增加了很多工作量，或是他们的直线领导支持力度不够，或者人手不足搞不起来等等。甚至有些企业学习平台上线两三年，部分领导和下属单位仍然只是观望为主，呈现"不主动，不拒绝，不负责"的态度。只有在重点项目实施的时候，才会在上级单位要求下"稍微参与"。

"如何获得企业内部全方位支持"是数字化学习运营中的大难题。究其原因，原有的企业学习生态中并不包含数字化学习，当部分企业启动数字化学习后，很多培训管理者的感受是"我们本来就有一大堆工作，现在又增加了一堆与数字化学习有关的工作。"因此，抗拒心态随处可见。如果连培训管理者都认为数字化学习是额外的负担，其他人就更难接受并参与了。因此，当务之急要解决的问题是先改变各级机构培训管理者的想法。

对于各级培训管理者来说，如何让他们意识到数字化的学习管理带给他们个人的价值和利益，才是解开心结的钥匙。拥抱数字化学习的培训管理者，大都已经体会到，数字化学习管理是用新型的工作模式替代原来旧的工作模式，不是工作量的叠加，而是代替。相反，很多管理工作由于数据的即时性和可视化，反而简化了，比如数据统计、流程管控、效果跟踪等。这就需要引导大家用新型数字化管理方法代替原有的陈旧的管理方法，并且给予指导和支持，让我们的同事充分体会数字化管理的便捷性和实时性。与此同时，我们也需要引导大家把线下的培训项目迁移到线上实施和管理，这样一来，工作还是这些工作，只是换了一个形式开展，就没有那么多额外的工作了。

当然，仅仅打动培训工作者显然是远远不够的。为了让更多领导者、管理者和内部专家等成为数字化学习的支持者，作为一个专业的数字化学习运营人员，必须具备非常高的运营敏锐度，因为精准的推广运营时机很可能会得到翻倍的回报。

这些时机发生在什么时候呢？注意！瞄准以下三大时机：

第一，企业战略变革期

如果我们能够在第一时间给到最最快速的战略宣贯支持，包括新战略的宣传解读、战略的上传和下达，就很可能获得企业高管人群的关注与支持。在这个过程中，需要把握"全、快、通"三字要点。

"全"是新战略推送的覆盖面要全，"快"是新战略下达和战略落地问题上传的速度要快，"通"是各级机构的交流机制要通畅。做到这三点，数字化学习的优势就在战略变革期得到充分体现了。说得通俗一点，战略变革期，我们要通过主动和前置性的工作，想领导所想，助领导所需，取得领导的关注和支持。

比如，目前国内很多企业都在进行"数字化企业转型"的战略贯宣与推动，传统做法是视频会议和下发文件组织学习。视频会议对参与的人数和参与时间都有要求；而下发文件，层层印发，一级一级向下传导。当这个文件传播到最基层的单位和员工手里时，可能时间已经过去十几天，周期非常长。且在上述两种方式中，信息都属于单向传输，缺少交流和确认，各单位或部门自己组织学习的过程很可能导致信息的衰减或误读，最后导致领导层提出的战略与基层人员的理解相差甚远。

如果我们应用数字化学习模式进行战略宣贯，立刻就能体现两大优势：

- 快速与多样化的宣贯形式；
- 快速与高覆盖率的信息互动与收集。

通过数字化平台，一来能加快战略宣贯速度，二来能规避层层下达带来的信息衰减风险，再通过合理有效的运营，数字化学习能够成为企业战略宣贯最有力的载体。

所以，有些企业采取了以下做法：

方法一，战略直播。让企业领导者直接通过直播平台面向全员进行战略宣贯，基层员工能在第一时间听到最高领导者的声音，直接了解新的战略目标，避免信息衰减和误读。

方法二，快速课件。通过快速课程制作工具把方法一中的直播视频加工成视频课件，或直接把新战略内容转化成图文课件。这样，无法收看直播的员工可以事后进行回看或点播学习，培训管理者也直接大范围推送图文课程到各级员工成为短期必修课程。

方法三，互动测试。开发一批战略宣贯内容的测试题库。通过类似线上

"战略理解大作战"或者"战略宣贯一周一测"等活动，让员工一边学一边测。同时，配合学习平台首页的滚动排名或当前测试参与信息，用不同形式呈现测试结果数据。比如说，不同的分公司有多少人参与学习，多少人参与考试，多少人通过考试，当前谁正在参与等。因为，这些数据是实时播报的，所以较容易引起各级机构领导者的关注，他们通过这些数据了解到自己团队内部的学习率和完成率，也能了解兄弟公司的数据情况，产生竞争效应。

方法四，调研反馈。通过数字化学习平台的调研功能向员工收集关于战略宣贯后的执行问题。比如，调查大家目前的理解认知是怎样的，下一步的工作计划是怎样的，可能会产生的问题点在哪里？希望公司能够给到的支持和资源是什么？下级机构尤其一线员工在执行战略时的疑惑问题，过去一直没有很好的渠道向上传达，而数字化学习平台能向下传播战略信息，也能反向汇总传递信息，让领导层及时了解各级单位面临的障碍，及时给出相应解决策略，这也正是领导们希望获得的信息。

方法五，开辟专栏。在数字化学习平台上开辟类似"转型进行时"专栏，任何员工均可以随时留言对企业数字化转型的建议和问题，邀请相关部门工作人员共同阅读、回复和跟踪收集有效信息。

> 很多企业的培训经理会觉得企业领导不太重视在线或数字化学习，所以没有很好的支持数字化学习的发展。但如果数字化学习能很好的支持企业领导所关注的业务领域，甚至直接支持领导的工作，或许领导就会关注了，不是吗？

第二，企业业务转型期

比如说，新产品上市和推广、新业务流程推广、内部重要工作流程重组等时期。在这样的关键时刻,如果我们能够给到及时的学习内容和学习项目支持,让大家快速了解和掌握这些新业务、新产品、新流程,第一时间完成适应性能力提升,或迅速调整实现应变,这也是数字化学习取得重要的业务与管理部门关注和支持的最佳手段,因为在这个时间段,他们与我们的目标是一致的。简单点说,就是通过与业务或管理部门的主动沟通和充分交流,形成及时甚至提前的深度合作,朝同一个目标努力,急业务所需,卡住新业务推广时间窗口迅速突破,取得广泛关注和支持。

> 很多企业的培训经理觉得业务部门不愿意配合或支持在线或数字化学习。如果数字化学习能很好地嵌入并推动业务部门的工作,或许业务部门就愿意加入数字化学习的队伍了,不是吗?

第三,企业岗位结构变化期

一般而言,在新战略、新业务产品、新服务、新流程部署时期,企业部分核心岗位群可能需要重新洗牌,有些岗位消失,新的岗位产生,员工所处岗位以及专业也会面临重大调整,对员工的专业与能力要求提出巨大挑战。在这样的关键时刻,如果我们能通过数字化学习方式提供有关部门和团队给力的项目与服务支持,为相关员工提供能力转型所需的系统化学习内容和学习路径,一定会让业务部门和广大员工切身体会到数字化学习的力量。也就是说,在员工岗位发生变动的时期,我们要快速解决员工能力转型问题,急员工所急,提供全力支持。

> 很多企业的培训经理觉得员工不愿意参与在线或数字化学习。如果数字化学习能帮助他们很快适应岗位的新要求,及时解决工作中的棘手问题,或许员工就愿意加入数字化学习的队伍了,不是吗?

瞄准三大时机,我们或许就能争取从上到下不同层级人员的关注和支持,让企业从上到下感受、接受、认可数字化学习,我们后续的推广障碍也将大大减少。

发展品牌化学习项目

学习项目是企业数字化学习运营最好的抓手,它融合了内容、功能、技术、人、教学、社交、评价等多种元素,既能带动数字化学习技术和内容的应用,也能令相关干系人共同参与进来,产生某个阶段性的项目生态,达成一段周期的流量和赋能成果,沉淀有效的学习数据。但是,如果所有的项目,从设计到运营都是一次性的,那数字化学习的成本就太高了。

目前,国内数字化学习运营走在前列的企业,都有具备企业文化特色、又兼具互联网思维的学习产品,其中不乏常年在企业中反复或持续实施的项目,这些项目能够持续吸引有需要的员工参与,让大批量学习者获得学习和训练成果的同时,带来一波又一波学习流量。类似这样的项目就是我们前面提到过的品牌化学习项目。

随着企业数字化学习的发展,很多先前的一次性学习项目,可能会随着运营策略与经验的沉淀,慢慢发展为"产品级"甚至"生态级"运营模式。这两种模式,背后是学员学习习惯的养成以及对数字化学习模式的依赖,未来可能不需要运营人员投入太多精力让大家接受数字化学习方式,而是进入一种"润物无声"的状态。也就是说，数字化已经成为大家日常认知的一部分，成为员工日常工作学习必不可少的组成部分。而员工也清楚地知道，他们所需的学习内容或辅导支持可以从哪里获取，随时随地信手拈来。好比我们手机里安装的各种 App，每一个 App 的功能特点我们都了然于胸，甚至我们还会安装同一种类型的多个软件，比如多个图片处理软件，多个视听软件等，因为它们的特征和优势不同。这样，我们可以根据实际需要选择打开哪一个软件使用。同样，数字化学习项目如果能够演化成为一个品牌，一个明星产品，让员工有需要时第一时间想到它，并从其中获取所需内容，那这些项目能够发挥的作用一定是长久的，也一定能持续创造流量，提升数字化学习影响力。

为了打造这样的项目，有些企业选择一到两个有实施经验的学习项目，不断升级迭代，当其内容足够成熟，实施团队配合足够默契，执行过程足够完善和规范后，一个品牌化的学习产品就诞生了。

但如果从零开始打造一个明星产品，工作就复杂得多。回顾之前我们所说的学习项目的产品化思维，需要我们具备供需分析、产品设计、测试改进、持续优化和产品升级五项能力。这五项能力对应的正是品牌学习项目从策划到运营需要经历的不同阶段，每个阶段都有特定的关键点和注意事项。好的开始是成功的一半，如果我们在项目策划初期就朝品牌化、精品化、可持续的方向发力，项目产品化才会成为可能。

接下去，我们通过一个案例来拆解品牌学习项目的设计与运营之路。

案例

某通讯运营商品牌学习项目的打造

该企业拥有相对比较成熟的数字化学习平台，平台上线多年后，虽然在一些学习项目的设计运营上不乏亮点，但一直缺乏能持续引流且显著助力业绩提升，同时有一定影响力的项目产品。因此，这家企业希望能开发一个持续运营的项目，一来吸引和保持内部平台流量，二来希望通过对核心人员能力的持续培养，提升数字化学习价值与影响力。

启动项目策划时，为了取得公司从上到下的领导和业务部门的广泛支持，策划团队在项目的服务对象上，选择了全公司最受关注的VIP客户经理岗位，因为这个岗位群体每年为这家企业带来60%~70%的收入，是各级领导和业务部门最重视的人群。

选定对象之后，为他们提供怎样的学习内容成为摆在策划团队面前的第二个课题。由于在企业内部所受关注度较高，VIP客户经理平时不缺培训机会，应知应会的内容不是他们最急需的，也不是精品项目设计的方向。跟其他业务人群一样，VIP客户经理们当前最急需哪些内容、这些内容从何而来等问题的答案不是培训部门能直接拍脑袋决定的。培训团队立刻与VIP客户部门进行深度沟通，表达了为其提供定制产品、提高VIP客户经理综合销售能力的意愿，同时也传递了合作共创的想法。

提供针对性服务的想法和先期构思获得了VIP客户部门的欢迎与认可，双方快速厘清职责，由VIP客户部门提供内容素材与师资建议，并和培训团队共同对内容素材的质量进行把关；培训部门则负责内容的提炼包装、实施规范标准制订，以及项目的宣传推广和组织实施。

在厘清双方职责后，双方联合调研了VIP客户经理群体对于数字化学习的行为与内容偏好，发现销售案例尤其是能够拿下企业核心产品销售大单的Top Sales的案例是广大客户经理最感兴趣的内容。同时，VIP 客户经理日常工作非常忙，他们希望学习压力不要过大，频次不要太高，每次学习时间不要太长，期待用"短平快"的方式，第一时间获取最新的行业解决方案与销售案例内容，提供他们参考学习。

调研完成后，培训部门与 VIP 客户部门共同商议，确认了项目后继实施的部分要点：

（1）项目形式：以访谈式直播为主，通过主持人和典型案例当事人面对面对话，带动 Top Sales 们现身说法，按一定逻辑讲出自己的故事，从中总结方法。

（2）时间与频率：每两周一次，每次一个案例，每周四 15：30 播出，时长不超过一小时。

为什么是每周四下午呢？因为项目组了解到，周一到周三客户经理们非常忙，周四下午基本上一周的重要工作已接近尾声，15 点过后大部分人会回到自己的办公室处理一周事务，汇总方案，所以相对来说周四下午的时间比较有保证。

（3）项目流程：从案例和主讲人选择，到对话内容的设计，再到具体的排片实施，项目组均有标准化的流程。

在案例与主讲人的选择上，因为前期与 VIP 客户部门已经达成合作模式，双方共同梳理了项目流程，专业部门在每个季度末将全公司的大单销售情况进行汇总，把上一季度的行业大单数据和信息提供给培训部门，同时列出推荐案例和嘉宾人选。

案例有了，嘉宾人选也有了，课程就能确定了吗？并不是。业务部门是业务专家，但未必是培训专家。取得这些信息后，培训部门的项目经理仍然要进行筛选和确认。筛选确认通过两步进行：

第一步是通读筛选。所有大单信息和推荐案例，找出有情节有方法有工具的案例内容。

  第二步是沟通确认。这一步非常重要，项目经理直接打电话给案例当事人，为了确认两件事，一是确认这个案例中的方法是客户经理自身的经验，且经过其多次验证具备复制推广的价值；二是确认这个当事人也就是客户经理本人有能力进行分享，比如对方的表达意愿、语言逻辑、普通话水平等。

  选定案例和发言人之后，项目组根据案例个数以及当事人的可用时间，出台下一季度的直播排片表。这个排片表就像电视节目单一样，发布下一季度每两周一次的直播主题与主讲人。排片表经过包装后发布到公司学习平台以及其他内部平台比如OA、HR和部分业务操作平台等，甚至还发布到公众宣传平台和各个工作群组，让员工可以提前安排好工作和学习时间，选择参与。

  在案例直播的质量和效果保障方面，项目组也做了精细设计。培训团队通常提前一天把案例主讲人邀请到直播现场，熟悉场地，共同确定访谈问答脚本，梳理更加清晰易记的经验方法步骤，再做一到两轮访谈预演。特别重要的是，基于培训目标的角度，明确引导对方，需要讲到什么程度才能真正让观众有所收获。这样才能确保实时直播时的内容质量。

  正式直播现场，场外观众可以通过直播间的聊天互动区，或者直接通过网络导播，把听课中的疑惑问题传递到场内，让主讲人现场解答释疑，给出有效反馈。

  而每次课程结束过后，学习平台会自动弹出对话框，收集参与者的反馈信息。主要包含两项内容，第一是收集大家对当前课程的反馈和评价，第二是收集大家对未来案例方向的需求和期待。这些信息是项目复盘改进以及迭代的重要依据。

说到这里，可能大家认为，这样的项目工作量非常巨大，需要投入大量人力才能实施。实际上，当培训部门和业务部门在配合上磨合到一定程度，形成默契，这样的项目并不需要投入非常多的人力。而且随着项目的重复实施形成标准化流程与规范后，项目操作的熟练度不断提高，效率也越来越高。

随着项目中不同案例的多次直播，项目组发现并不是所有人员都能按时收看直播课，很多客户经理的诉求是，同样的案例内容，在保证效果的同时希望增加其它可选的数字化传播形式。因此，项目也在不断优化，包括对直播课进行后继深加工，转换成小颗粒度的图文和短视频，成为项目的附属产品，使得来不及现场学习的人员、新晋客户经理以及其他对课程感兴趣的员工都有机会了解和学习。已经参与过直播的学员，也可以利用这样的方式进行复习巩固。

因为项目精选的主题、优质的内容、独特的形式、多样化的互动模式，该项目的持续运营获得了这家公司广大客户经理的认可。他们中的很多人，每到双周四下午习惯性地安排好工作专门收看课程，并参与课后的反馈调查。广泛的数据征集又使一线的需求更为集中和清晰，久而久之形成了良性循环，项目主题越来越有针对性，培训部门和VIP客户部门的协作越来越顺畅，项目的业务推动作用在长时间运作后也逐渐凸显，每两周周四的流量效应就是最直接的品牌效应。

上述案例展示了一个"产品"型学习项目的全貌，从策划到落实每个细节，都体现了明星学习产品设计实施的六个要点。

第一，明确目标对象

我们为谁设计产品，或者说我们的第一个明星产品为谁设计，才能得到领导和业务部门的支持，这个选择至关重要。

第二，找到合作伙伴

当我们未来要持续运营该产品，是谁来主导，是学习发展部门还是业务部门主导，合作模式是怎样的，同时，大家的职责分工又是怎样的，必须提前界定。

第三，确定内容来源

产品连续不断地组织实施，内容的来源渠道是什么，来自官方还是来自民间，来自企业内部还是来自企业外部，需要从长计议，毕竟巧妇难为无米之炊。

第四，部署标准规范

项目的标准和规范都需要提前规划。内容质量有清晰的标准，内容质量才有门槛。过程中的内容输入流程，整个活动和任务的执行流程，输出流程、实施频次、实施形式，甚至包括相关的支持服务形式和反馈机制都要一并设计。

第五，迭代机制清晰

这需要我们做好数据收集和分析，并在此基础上做好需求更新。同样面向一个固定人群的学习产品，随着业务产品和战略变化，它的需求应该也是同步发生变化的。需求变了，内容就要跟着发生变化，甚至产品的模式和配套机制都可以发生变化。此外，随着行业学习技术和数字化信息技术的更新，长期实施的项目所使用的技术也需要更新换代。

第六，推广手段多元

多元化的推广策略必须提前考虑，线上线下的推广，官方民间的推广，内部外部的推广，一并纳入，充分调动推广资源和渠道，提高项目影响力，才能打造出在企业内部喜闻乐见的"爆款"产品。

击破三大内容开发难点

规模较大的企业，往往业务模式清晰、企业培训资源投入也相对稳定和充足。另一方面，这些企业的岗位复杂层级较多，不同岗位和专业对学习内容的要求不同，市场上很难直接采购到适合各个岗位与层级的细分课程内容。因此，自主开发的内容更贴合企业实际需求，是企业数字化学习内容的主要来源。

除了内部开发，企业还会直接向外部供应商采购，有时也会联合供应商定制开发。从外部供应商采购而来的课程，有些企业也会进行二次加工，让内容更贴合实际需求。因为采购的课程大多是通用性学习内容为主，需要根据行业或企业特征，结合具体业务场景，做一定程度的内化，才能更加符合员工的学习要求。

对于一些比较热门的、前沿的主题，部分内容开发人员可能还会从互联网上搜索下载素材，重新整理加工，最后制作成需要的学习内容。

虽然我们常说"内容为王"，然而随着95后、00后的职场人日渐增多，与互联网、移动互联网相伴成长的经历让他们对学习新颖性和趣味性的要求更高，同时，这些年轻的学习者与上一代学习者由于存在明显的工作观差异，他们更注重自身感兴趣的内容。未来企业采购和开发课程势必会更加重视课程的多样化和表现形式，尤其是新颖性和趣味性，这是必然的趋势。

现阶段，摆在很多企业面前的严峻问题是，虽然培训部门在课程开发流程、方法、资源方面具备专业优势，但人员有限，无法支持越来越多的内部开发需求，多元化的形式呈现要求也是很多企业内部极具挑战的问题。即使部分企业邀请了业务专家协助开发课程内容，业务部门可能也会根据需求自主开发一些课程或案例，但总体上来说，绝大部分企业的内容开发人手还是很缺乏的。随着业务的快速发展，内容生产节奏明显滞后，内容数量和专业覆盖度总是处于不足的状态。

国内的数字化学习服务提供商云学堂 2021 年的统计报告中显示，有 66%的参调企业认为缺乏内容开发能力和专业人员是最主要的数字化内容建设难点。大家面临的挑战是一致的。哪怕我们有预算可以用来采购外部的课程，除了有时找不到合适的、专业的内容供应商、定制开发服务的质量无法达到预期，内容定制项目的时间周期还是比较长，价格也很高。很多企业一年的预算定制不了多少课。此外，供应商能力参差不齐，也有一定的质量和交付风险。

综上所述，从企业数字化内容开发痛点以及大部分企业需求趋势两个角度出发总结一下，企业数字化内容开发通常会面临如下三个问题：

- 内容数量不足，更新不及时；
- 内容过于普适化，适用性不足；
- 内容开发成本高。

以上三个问题，都跟企业自身内容开发能力和内容开发人员不足有关。我们可以尝试从以下三个方面展开工作，逐步解决问题。

方法一，赋能业务部门，开发专业学习内容（PGC）

如果学习平台本身嵌入了课程开发工具，企业培训部门可以针对开发工具的应用操作、课程结构内容教学方法等，对业务部门或专业条线赋能，让相关人员直接参与企业业务技术类课程的开发，提升学习内容的专业性和针对性，这样内容与业务场景的结合度也更高。但是业务部门工作人员平时工作都很忙，所以我们还需要有配套的制度与合作机制。比如制订年度课程开发计划时，与业务部门共同商讨各自承担哪些内容的开发，各自在其中发挥什么作用。即使业务部门因为工作繁忙无法直接制作课程，也可以通过内容脚本的提供参与进来。

方法二，赋能指导员工，开发企业所需内容（U-PGC）

要引领员工参与企业需要的比较正式的学习内容开发队伍中，前提是企业需要提升对用户生产内容的重视程度，定期组织员工学习数字化内容开发技术，比如静态/动态图文、短视频、微课甚至H5等。企业还要有一定的机制推促内部社区或工作群组中的经验交流，鼓励一线员工用图文、短视频、微课等形式展示分享自己创编的数字化内容，并在其中选择高质量成果转化成正式学习内容。同时，我们也要在这个过程中发掘擅长和有意愿参与开发的人才，用一定的激励政策鼓励他们持续开发。

近年来，很多企业如火如荼组织的微课大赛、在线课程开发大赛、短视频大赛等，很多就属于先赋能员工开发技术，接着快速生成内容的运营手段。但是，大赛并不是盲目生产内容，应该有清晰的组织开发目标。除了有参与人数、内容开发数量的目标，还需要有内容主题开发方向、专业覆盖度和后续开发人才储备的目标，为UGC向PGC转化打好基础。很多企业组织大赛时，通过全方位的评审标准，对参与作品提出较为严格的要求，比如格式规范、内容标准、教学要求、呈现质量等，这些标准都是推动UGC未来能直接为PGC的基础。

有些企业虽然通过大赛赋能培养了一批有能力开发内容的员工，甚至内训师也都参与进来，但是他们参加完赋能训练或参加完大赛，开发一次内容后，就不再持续开发，这是特别明显的资源浪费。内容开发的人才储备配套机制务必要跟大赛同步配套推出，后继推动持续开发的手段也要跟上。

从各家的经验来看，鼓励业务专家、内训师与一线员工开发课程的手段多种多样，常见的有以下几种：

（1）与组织内部业务或技术"专家"称号评选挂钩；

（2）与内训师资格保有或星级升级体系挂钩；

（3）设置类似"数字化课程开发师"称号，予以表彰奖励；甚至叠加称号升级机制，在绩效加分中有一定体现；

（4）内部现金/奖金采购机制；

（5）数字化内容开发明星内部宣传，打造开发人员在企业内部的知名度和个人影响力；

（6）赋予开发人员参加外部行业培训、游学、参赛或论坛分享发言的机会，成就其公众影响力。

案例

两家企业不同的微课开发激励措施

某知名交通行业企业，在组织内部完成微课开发赋能后，该企业与所有取得证书的员工签约，务必每个季度认领至少一个课题并完成制作，完成的数量与质量与其绩效考核加分挂钩。如果对方是内训师，则还与其内训师星级称号的晋级要求结合，每年微课开发的数量质量达到既定要求，才有资格晋级。

而另一家能源企业下属公司则直接内部市场化，这家公司所处行业比较特殊，员工一般的工作模式为连续工作三个月，再连续休息20到30天。公司每两个月发布官方课题清单，员工自愿认领课题，在他们休息的时间段开发制作。制作完成后申报提交，被取用的课程，企业直接以每分钟200元、100元和50元三个等级的价格回购。这个价格大大低于市场定制价格，却能推动员工快速开发出更加适合企业场景的学习内容。

方法三，采购通用课程，内化加工提升适配性

一般市场上可以直接采购的通用课程，单价普遍低于定制课程。我们可以从中选择意向主题，并根据目标精准性、内容专业性、结构合理性、体验友好度、创意趣味性、效果转化率等角度进行评估。达到一定评估标准后采购回来，再结合行业企业特点调整部分内容，或补充符合业务场景的经验案例等，快速内化成更符合企业需求的内容。

有效把控 UGC 质量

数字化学习运营中期，组织员工参与数字化内容共创活动，比如微课、短视频和案例大赛等，是企业中比较常见的非正式的数字化学习内容生产方式。我们之前说过，随着移动互联网的发展，人和人之间构建的是无边界的角色互动关系，每个人既可以是内容的学习者，也可以是内容的贡献者，大家通过互联网和移动设备构建成泛化的学习共同体。在这样的环境中，如果我们有意识地通过奖励、竞赛或其他机制有效引导和促动，就能在一定周期内推动员工参与数字化学习内容的提炼与创造。在这个过程中，有些员工创造的内容质量非常高；有些员工虽然有兴趣，可是他创造的内容可能远远没有达到应用要求，但并不是因为他能力有问题，很可能是因为他不知道怎样的内容才是有效的。因此，我们要对 UGC 的质量进行科学的、合理的把控，使得 UGC 的产出符合我们的预期。同时也要通过相关激励制度，让大家更有热情投入到内容贡献的行列中。

从数字化内容的规范来看，结合未来对于这些内容的使用要求，对于有组织的数字化 UGC 共创活动，在质量把控和活动引导方面，我们通常可以关注四个方面：

- 内容标准；
- 格式规范；
- 内容融合；
- 打造明星。

先说"内容标准"。UGC 质量的"标准"其实有很多维度，有跟内容本身相关的标准，也有跟"数字化"技术相关的标准。我们这里所说的是跟内容本身相关的标准，包括内容的专业度、难度、知识技能点覆盖度、内容结构、是否需要配套试题等。比如，当培训部门和业务部门把某个微课大赛的参赛作品需要面向哪个人群赋能设计开发，按怎样的逻辑框架组织内容等都给出了明确要求，相当于有了内容结构和选题的标准。

而跟"数字化"技术相关的标准就是"格式规范"。不同的内容，需要制订不同的格式规范，也就是数字化技术规范。数字化技术规范指的是输出的内容如果能够被数字化学习平台所存储、被学习者的移动设备所承载、阅读或播放，同时给学习者带来最佳视听体验，内容的时长、格式、分辨率、帧率、编码、文件大小等要求是怎样的。

"内容融合"指的是，作为运营者，我们需要清楚地知道为什么要共创，这个共创活动解决企业的什么问题，产出的内容服务什么？因此，UGC 共创活动的策划和内容产出需要至少符合以下出发点之一：

（1）跟企业经营战略、业务产品和重点人才培养的能力要求融合；

（2）与企业知识地图发展融合，是企业知识体系中必要的组成部分；

（3）与行业发展趋势、行业热点或企业文化渗透融合；

（4）与企业近期推出的重要流程或规定融合。

数字化内容共创项目，说到底也是一种数字化学习项目，只是其用意在于建设内容，而非直接赋能员工能力。只要是学习项目，都要遵循"以终为始"的设计和规划原则。先规划内容产出后的应用场景，再根据应用需要界定开发的主题与范围，这样才不用担心产出的内容过后没有用武之地。尽量不要随意策划没有业务目标的内容共创活动，因为这些活动只是吸引了一些人员来参加，最后产出的内容的成果却没有应用价值，既浪费了开发者的时间和精力，也浪费了大量运营成本。最终的成果很可能成为堆积在数字化学习平台上的垃圾！

除了内容主题与后续应用的融合，我们也要考虑内容之间的融合。比如，未来这些内容上线后，彼此之间可以组合成内容序列进行联合推广和应用吗？可以与平台上其它内容包装成系列化的内容产品吗？都要提前设计好。

我们以短视频大赛为例，在大赛启动初期，尽量面向参赛者策划一些既定任务的分配活动，帮助不同专业的人员发挥优势，聚焦重点，避免大家提交的作品相似度太高。如果事先缺少引导，参赛者很可能都选择容易发挥的主题进行创作，而真正的业务难点、急需的紧迫的内容没人触碰，最后参赛者提交的短视频脱离实际五花八门，形式花哨内容苍白，我相信，这一定不是我们的初衷。从实施的角度而言，导向越清晰，业务部门和参赛者也越明白参与的方向和意图，大家才能朝着共同的目标努力。

UGC质量把控的最后一个方面"打造明星"，是指在企业内宣传一批开发高质量UGC的标杆员工，使他们成为大众心目中的知识IP，为后续更多高质量 UGC 产出进行铺垫。比如有意识地打造一些内容开发明星，发挥标杆效应，吸引更多人参与，未来甚至可以在这群明星参赛者基础上成立一支企业内部专门的内容开发队伍，无论是他们自身在工作中的痛点、难点、风险点，还是在团队中发现的亮点和典型案例，都可以成为内容素材。通过机制的完善比如奖励、晋升、影响力打造、动态更新人员等，促使他们持续开发，源源不断地贡献高质量内容。毕竟，员工才是最接近一线的人群，是业务产品和技术的具体生产和应用者，他们比我们更了解基层员工需要什么，UGC 需要的就是这样的内容与开发人才。

总结一下，先"以终为始"设定目标，再根据未来的内容应用场景框定主题方向，关注内容标准、格式规范、内容融合，并在过程中打造明星。这样，UGC 的从开发到应用的质量把控链条就打通了。

避开微课运营误区

随着数字化学习的发展，越来越多的企业加入了数字化微内容开发阵营。从自由开发到有计划开发，从单一内容到微内容体系，从简单的图文到酷炫的全动画视频，企业数字化微内容开发逐渐向体系化、专业化、精致化发展。而其中最主要的形式——微课，也因其短小精悍和强针对性特点，广泛适用于企业各个场景中，包括员工学习、绩效改进、产品推广、团队建设、研讨会议工作交接、文化制度宣贯等。一些走在前面的企业，甚至培育出自己的微课导师，像火种一般把微课的理念和开发技术在企业中不断传播，带领更多员工用微课的形式挖掘和展示自身经验技能，推动组织经验的可视化与广泛传播。

在近几年的微课推广进程中，我们发现并总结了一些企业在微课推进中可能存在的误区，可以总结成"四个分离"。

第五章
运营有障碍，怎么破

误区一：微课开发和数字化学习资源体系建设分离

在大力推广微课的企业中，有些是刚刚引进数字化学习平台的，有些则具有多年在线学习运营经验并已沉淀大量学习资源。微课在企业整个数字化学习资源体系中，到底处于什么地位，发挥什么作用，却不是每个企业都清晰审视和规划的，甚至有些企业在未合理盘点已有资源和规划未来资源蓝图的前提下，就将其线上原有学习内容全部推翻，用微课代替。

在我们看来，微课在每个企业的定位和作用，应该随企业性质和微课开发能力的不同有所区别的。现阶段，我们初步区分成以下三种模式。

第一种：全微课模式

这种模式的前提，是企业内部已经建立了清晰的微课程体系框架，即规划好微课的内容分类和开发计划，并明确定义了这些微课的适用场景和人群（如图5-3所示）。

企业发展和文化类微课	领导力和管理类微课	产品业务说明类微课
市场营销类微课	技术研发类微课	客户服务类微课
规范制度类微课	通用能力类微课	……

图5-3　全微课模式示例

全微课模式能够迅速建立企业内部微知识体系，根据产品、业务和流程的变化及时迭代和推广学习内容。通常来说，这种模式适用于平台刚上线，同时企业产品、业务和内部流程变化较快，大部分学习内容希望能以快速低成本方式开发的中小型或创业型企业。但这种模式对人有较高的要求，需要每个部门或项目团队都有人掌握微课设计制作技术。

145

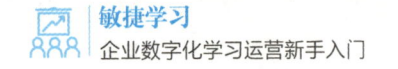

第二种：类型互补模式

类型互补模式，指的是企业已经有相对成熟的数字化内容资源体系，微课作为一种新的内容类型，补充到原有体系的不同主题分类中（如图5-4所示）。

微课	企业发展和文化类内容	微课	领导力和管理类内容	微课	产品业务说明类内容
微课	市场营销类内容	微课	技术研发类内容	微课	客户服务类内容
微课	规范制度类内容	微课	通用能力类内容	微课	……

图5-4 类型互补模式示例

这种模式通常适用于已有数字化内容体系，战略、产品和业务相对稳定的大中型企业。 微课的加入，能够填补原有内容开发效率低、成本高、传播慢的缺点，促使知识资源体系更加完整，提供更多员工学习场景和形式的选择。在对人的要求上，需要企业内至少有一小部分业务骨干或兼职内训师掌握微课设计制作技术。

第三种模式：内容互补模式

内容互补模式，指的是在基本不影响原有数字化学习内容体系的前提下，用微课形式覆盖新增学习主题（如图5-5所示）。**如果企业有相对稳定的业务，也有快速变化的业务，或者企业当前面临问题，必须进行快速调整甚至改革，可以考虑用这种模式补充原来的内容体系中缺失的部分。**

这种模式中，微课可以聚焦企业新战略、新产品或新业务，快速建立相对独立的内容主题体系，便于资源部署和快速推广。在对人的要求上，则要求与企业当前新业务直接相关的关键团队有人掌握微课设计制作技术。

原有主题	企业发展和文化类内容	领导力和管理类内容	产品业务说明类内容
	市场营销类内容	技术研发类内容	客户服务类内容
	规范制度类内容	通用能力类内容	……
新增主题	新产品推广类微课	新技术引用类微课	流程重组类微课
	国际业务发展类微课	客户宣传拓展类微课	……

图 5-5　内容互补模式示例

误区二：前期开发和后期应用分离

在这一误区中，我们通常看到两种现象。一是先期快速海量开发，却并未有效规划后期如何应用；二是视微课为万金油，希望用其解决一切学习资源问题。

先说说第一种现象——海量开发，运营无措。

短期内海量开发的现象，经常出现在一些刚引入数字化学习平台，自有学习内容相对匮乏的企业。这类企业接触到微课时，可能会认为微课正好解决了自有学习资源建设的问题,所以用微课大赛或号召全员开发的方式,在短时间内积累大量课程。看似平台上快速产生了大量学习内容,但问题也会随之暴露出来。

数字化学习发展的今天,员工的学习需求越来越呈现出个性化和场景化需求。好的微课,能够准确命中员工在工作场景中所需关键知识技能、常见痛点难点和典型场景,使员工在工作中遇到问题时,通过几分钟的学习,快速掌握完成一项任务的技能,或立即攻克眼前一个难关。这样的微课求之不得,必须基于开发者多年经验的积累,还需要在制作中科学地淬炼提取、准确传递信息,并通过教学设计将复杂专业的内容解释得深入浅出。因此,无论是设计还是制作,都需要特定的人和足够的时间。即使只是介绍一个产品,开发者也需要对产品足够了解,将产品的卖点和优势,结合客户的需求场景讲清楚,否则,我们的员工大可以直接阅读产品手册,无须浪费时间来观看微课。**一句话,好微课需要精雕细琢,不能玩批发。**而当开发者因为企业的强制要求带来过重的开发压力时,往往会采取敷衍了事的心态完成制作任务,课程的质量无法保障。出现大量泛泛而谈、浅尝辄止的课程,是目前很多企业一味追求快速大量开发所带来的后果。

此外,如果我们从数字化学习内容的运营角度来看,短期大量课程上线会带来一系列连锁反应。互联网学习,吸引力至关重要。吸引力的来源,很大一部分来自内容的"新奇特"——新鲜新颖、别致独特。我们经常建议数字化学习运营者,在学习内容的推广上要采取波次式推广的方式,观察平台流量数据,每隔一段时间在流量低谷时投放一些新的内容去引流。就像相声演员"抖包袱",包袱一个一个慢慢抖,观众才会笑声不断;一次把包袱抖光了,后面就没人看了。同样,如果一次性投放大量的内容,其最直接的影响就是把自己掏了个底,失去吸引力。如果海量内容又缺少好的包装运营手段,广大员工根本无暇顾及,更不可能主动去检索适合自己的内容。相比平台堆砌大量低质量课程，或许"少而精"会更受员工喜欢。

再来看第二种现象——任何学习，微课先行。

这种现象，在微课发展了一两年，已经看到微课带来的效益的企业中比较多见。无论什么学习项目，无论哪类岗位专业人群，先开发一堆微课，再推送给学员。

回顾前面所提到的微课在企业数字化学习资源体系中的地位和作用，我们就会发现，不是所有的企业、所有的人群、所有的项目都能完全借助微课解决问题。

企业内不是所有的人群都适合微课学习。每个人的学习习惯，受到年龄、教育背景、岗位、职务以及移动设备应用熟练度等多方面的影响，呈现不同的偏好。通常来说，整体年龄偏轻的企业，微课推进的速度更快，因为年轻员工对于互联网新事物的接受度更高；此外，产品业务更替速度较快的企业，员工的自主学习需求较强，对微课的接受度也相对较高。

从学习设计的视角看，过往，我们在开发学习项目或内容时，会根据学习目标区别不同层次的学习内容，为其设定不同的学习形式。

目前，企业内部的微课大致分为以下几类：

知识类：包括企业内部的一些工作原理、产品知识、企业文化、制度规范等。

任务类：即企业内完成某个工作任务的具体流程、标准规范和注意事项等。

经验类：业务专家或技术骨干，就某一工作难点总结的可以复制或参考的经验做法。

问题分析/案例类：企业内典型工作场景中发生的事件或出现的问题，将其解决方案进行提炼归纳总结，形成学习者在相似场景中可以参考的方案或方法论。

警示故事类：企业某些具体事件的回顾、分析和总结反思。

从上述类型看，微课的内容和形式，主要触达的是记忆、理解和应用层次的学习目标。涉及分析、判断等目标，需要学习者通过深度建构式学习，综合分析事物的成因和发展，而仅仅依靠微课这种短小的学习内容显然是无法达成的，除非与其他学习活动结合，形成互补。比如，把微课作为学习项目中的一部分内容，通过项目内运营促使其与后续思考、练习和实践结合。

误区三：微课内容和表现形式分离

现阶段，有一部分企业开始高度关注微课的表现形式，其中以微课发展历程较长的企业居多。这些企业的想法是：我们的员工已经会做课了，下一步要做得好，做出精品，"好"和"精品"的标准是什么——是表现形式，是使用更专业的工具，做出跟专业课件开发公司相似的课。对于这一观点，我相信很多人会跟我一样打个问号。且不论专业开发者和兼职开发者在微课开发可投入时间上的配比，专业开发公司和企业内兼职人员在开发流程上本身就存在无可比拟的巨大差异。

微课发展到今天，确实有一部分企业的开发者已经掌握了多种开发工具，能开发非常精致的课程，但这部分人员在企业中寥寥可数。大部分企业并没有专业的课程开发团队，骨干员工才是微课开发的主力军。**事实证明，相比专职内训师，来自一线的骨干员工更能开发出内容质量较高贴近实际需求的微课**。但对于本职工作已经非常繁重的他们，要额外掌握一个专业的微课开发工具还是比较困难的。最大的难点在于：平时工作根本用不到这些软件或工具，一段时间不用就忘了，当再次制作时，又要重新花费巨大的时间和精力去学习。我曾经到一个企业交付微课赋能培训，有学员跟我说：老师，这是我第二次来学习微课制作了。我问他原因，这位学员说：两年前我们学习用某软件制作微课，当时花了好几天学会了点皮毛，又花了九牛二虎之力做出一门课。课程做出来后两个礼拜，我就把软件给删了，因为平时用不到，又太难用，放在电脑里太占空间，哎，再也不想做课了……所以，**用他们最常用最熟悉的工具就能快速开发一门课程，是推动业务骨干持续开发课程的重要因素**。比如新版本PPT已经能够非常好地支持图文动画和真人视频，并具备一键转成视频等功能，开发的课程已经基本能满足企业内部学习需求。如果再结合一些简单的辅助工具，还能把课程质量和实用度再推高一个层次。但如果企业一味追求课程呈现的酷炫效果，把压力全部传递到并非专业课程开发人员的员工身上，这种做法是值得引起反思和警惕的。

从使用角度来说，现阶段大部分企业无论是产品还是业务，无论是流程还是制度，变化更新都非常快。微课也需要快速迭代才能确保常用常新，过时的课程留在平台上，以后都是运营者的负担。既然很多微课的生命周期并不长，大可不必一味追求要做得好看，能讲清楚讲明白，对员工有指导帮助意义，这个微课就已经达到教学目标。对于一些生命周期较长，内容相对稳定的课程，可以适当在表现形式上精进一些。

因此，一个微课是否是"精品"，"形"——形式固然重要，但更重要的仍然是"神"——教学设计。目标清晰、萃取有道、深入浅出、过目不忘，学员看完就能说出主要内容，或者能跟着做的课就是好课。如果形神兼备，那更是上品，不过在开发者时间精力有限的前提下，必须先保证"神"。

误区四：内容设计和课程制作分离

这一误区，通常是因为大部分企业在微课开发中的同一难点造成的——**有内容的人没有时间或技术做课，有时间和技术做课的人没有内容**。近两年，越来越多的企业采取如下模式开发微课：培训部门组织业务骨干写脚本或提供素材，再由年轻员工甚至新员工、实习生制作，形成流水线。新员工或实习生接受新技术能力比较强，更有创意，如果结合得好，就会形成类似专业课件开发公司模式，"需求—内容—脚本—制作"联动，产出高质量课程。然而理想和现实经常脱节，当几方没有深度沟通并建立审核反馈机制时，问题就暴露出来了。新员工对业务骨干提供的内容的理解和业务骨干本人的想法通常是不对称的，这个问题在业务骨干仅提供素材而非课程脚本的时候更严重。古人所云"失之毫厘谬以千里"用到这里毫不为过。因此，我们建议采取这种机制开发微课的企业，一定要建立比较完善的内容审核反馈机制，确保内容提供者和制作者理解完全一致，尤其要尽量让内容提供者编写脚本，甚至画出相应的页面规划图，用于指导制作者的开发思路和逻辑呈现，真正将内容提供者的经验和想法融合进去。

混合学习项目的效能提升

在线学习时代，很多企业积极实施O2O的学习项目，既有线上的内容或活动，又有线下的内容或活动，即Offline to Online。很多培训管理者把O2O的学习项目称为混合式学习项目，强调这里的"混合"是线下和线上两种学习过程的混合，把线上和线下的学习内容和形式有机结合，使培训形式更加多样。在较长一段时间内，这种方法发挥了在线学习的优势。与纯粹的线下面授相比，线上部分的优势融入后，能在一定程度上提高学习效率、覆盖度和便捷性。

但其实，"混合"这个概念的范畴非常大，除了线上和线下的学习形式混合，还包含了更多混合的元素。

- 形式混合：课堂教学与实操、游学、竞赛、游戏等形式的混合。
- 内容混合：数字化和课堂讲解内容的混合，企业内外不同学习内容的混合。

- 学习场景混合：面授课堂、工作任务教练、居家自学、视频会议研讨等场景混合。
- 学习工具混合：企业学习平台、交流平台、直播平台、线上共创平台、学习游戏平台、智能训练工具、数字化考试工具等混合。
- 师资来源混合：企业内、外师资、真人师资和虚拟讲师等混合。
- 学员对象的混合：同岗位不同层级人员、同职级不同岗位专业人员混合等等。

这两年，随着数字化学习时代的到来，部分企业和培训机构又提出了新的理念"OMO"。这里的 M 指的是"Merge"，也就是"融合"的意思，即 Online Merge Offline，线上线下高度融合。

与 O2O 相比，OMO 追求的不是简单的线上线下学习形式的混合，而是基于数字化学习深度嵌入工作场域的特征，强调学习场景与工作场景的融合。学习内容瞄准工作中的关键点、难点、痛点、易错点、风险点等采集开发，针对性非常强，并尽可能使用数字化方式传播。学习者则在工作中即学即用，边实践边转化。一旦在实践中发现问题，继续借助数字化也就是 Online 的手段寻求支持，最终在 Offline 的工作中突破困局、提升能力或绩效。看到这里，大家或许意识到了，OMO 其实也是一种混合，是在前面多种混合模式的基础上，更为强调学习场景和工作场景的混合。

数字化学习的常态化运营时期，各种混合学习项目的设计和运营是极为重要的工作内容。如何把项目效能发挥到最大，我们必须分析哪些活动在线上，哪些活动在线下，学习者会在怎样的工作场景中学习和实践，Online 和 Offline 如何融合，才能得到最好的结果，这些判断和选择的根本，需要我们清楚地区别线上和线下学练任务各自的优势。

线上任务基本上都是数字化学习任务，数字化学习覆盖度非常广，时效性高；凭借着互联网和智能移动终端的广泛渗透，学习行为可以随时随地发生，大部分情况下不会受到工作的限制；而且运营者也能可以快速和精准地追踪到各项学习数据。

此外，线上的数字化内容，一般颗粒度都比较小，更新迭代难度低，传播速度也快一些。如果某个项目中，学员产出了数字化内容，可以很方便地存储和汇聚到一起，甚至在项目中继续整合加工后被重复使用。

综合上述优势，我们可以发现，以下类别的学习任务放在线上更能体现效益：

第一类：需要快速下达，并且对覆盖度要求非常高的学习内容或活动，比如战略、制度、文化的宣贯，新产品新业务新制度的解读等。

第二类：需要学员随时随地预习和复习的内容，比如实践任务的参考手册、工具说明或操作示例等。

第三类：项目中可能需要快速、实时、临时发起交流分享的任务，比如经常性的小组课题研讨。

第四类：需要快速展示可视化成果或数据汇总结果的任务，比如调查、投票、测试、知识过关PK等。过去没有数字化学习手段支持的时候，我们通常通过纸质问卷开展调研，或者用线下方式组织考试或PK赛。现在学员二维码一扫参与，运营人员则可以同步看到实施数据或结果了。

第五类：这类任务比较特殊，可以称为试验性任务。试验性任务指的是项目中对结果无法准确预测的新任务，假设我们希望在管理者培养项目中尝试几次不同主题的辩论赛，但是之前没有操作过，担心流程或风险问题，可以尝试在线上先发起一轮微辩论活动，把话题、流程、规范等试行一次，对暴露的问题快速调整，再实施下一轮辩论，甚至搬到线下组织。这样成本更低，优化速度快，出错影响面小。

我们再把目光转移到线下，传统的面授学习形式依然存在于大多数的企业培训中，就目前的学习技术和互联网信息化技术而言，数字化手段还无法一刀切地替代所有的线下形式，满足所有的学习需要。线下活动也还有其一定的优势。

平时的项目实施中，需要老师近距离贯彻学员操作任务中的细节，精准定位可能出现的问题，或需要学员长时间深度研讨共创的活动等，很多企业仍然习惯通过线下方式开展。

我们都知道，学员参与线上学习的场景可能性太多了，有的学员在上班过程中学，有的学员在出差过程中学，有的学员在办公室学，有的学员在实验室、车间、专卖店学，还有的学员躺在家里的沙发上学。有些场景中学习受到的干扰比较强，比如在公交车地铁里学习，或者在嘈杂的车间学习，而大部分学员无法完全依靠自己的能力排除所有干扰的影响，这时候可能需要把大家都聚集在一起，用一个物理教室隔开外界的干扰。正因为如此，现阶段对学员专注力和协作引导要求比较高的任务，我们放在线下可能更为合适，比如说：

第一，对精细度要求较高的技术型实操任务，如复杂的工业设备安装检修等；

第二，需要团队深度思考、碰撞和共创的任务，如战略规划、商业案例深度分析等；

第三，需要快速打造团队凝聚力的任务，如团建活动等；

第四，需要导师深度引导和及时干预的任务，如某些涉及深度反思和觉察的一对一教练任务等。

特别值得注意的是，数字化学习场景的设定，是我们平时运营中经常会忽略的要素。OMO式的混合是把工作场景和学习场景充分融合的模式，所以场景的定义很重要，前面我们提到的不管是工作中、上班前、下班后，还是办公室、实验室、专卖店、仓库、工地、车间甚至家里，都是学习和工作的时空场景。除了时空场景，我们还要考虑学习活动的行为场景，包括边学边记录、边学边跟着做、边学边与设备对话，或实践以后立即回传结果等，这些行为场景都需要一定环境和技术支持。不同的学习行为场景，对学习的时空场景要求是不同的。所以在 OMO 项目的学习任务实施中选择什么时间什么形式，将对产出和效果产生一定影响。

举个例子，假设某个项目中有一项训练任务，要求学习者一边学习一边与手机对话，根据软件发出的指令，学习者需要结合所学话术说出一段话，软件辨识过关后，才能进入下一个指令的练习。这项任务的行为场景是边学边练，而且练习行为是语音对话。如果项目运营人员设定的任务推送时间是工作日上午 10 点，而目标人群大多是在办公室集中办公的员工，这个时空场景显然是不合适的，因为上午 10 点可能是大家工作最忙碌的时间段，而集中办公的办公室里也不适合语音对话式练习，会干扰周围的同事。但如果这个任务改为晚上 8 点推送，参与度和完成度可能高很多。

数据跟踪和评估策略

数字化学习运营效果到底要如何进行评估，是企业进入常态化运营时期常见的难点。这个难点由来已久，虽然近几年数字化学习技术发展进程一直在加快，但是数字化学习的运营效果评估技术却并未得到大幅度提升。而运营效果的评估，往往建立在全面的运营数据跟踪基础上。

在说明具体的方法之前，我们先介绍一下数字化学习运营效果评估的两个维度：

第一个维度，针对数字化学习的整体运营。但我们需要区分是对用户的学习行为和过程的综合效益进行评估，还是学习运营的部分效率数据进行评估。

第二个维度，针对数字化学习项目实施。同样也要区分，我们是对某个学习项目的过程进行分阶段评估，还是对项目最终成果进行评估。

两个维度区分清楚，明确具体的评估方向，才能选择适合的评估方法，有针对地获取数据进行深入分析，最终得到精准且具有说服力的评估结果。

我们先从第一个区分维度说起。对于数字化学习效益而言，最常见的评估方法是展示平台运营一定周期内的 ROI（Return On Investment）数值，也就是投资回报率。投资回报率可以算得很细，也可以略粗。如果计算结果是用来进行下一周期的投资测算，取值和计算可以稍微简单一些。

举个例子，假设某公司今年平台建设的投入是 100 万元，平台维护成本 20 万元，数字化学习运营包括人力、物资、内容开发管理等成本投入 100 万元，那该公司的总投资就是 100+20+100=220（万元）。再来算产出，假设我们从平台上获得的数据为全年有 2000 人上线学习，平均每人学习时长为 20 小时，那么总学习时长就是 4 万小时。4 万小时的数字化学习量就是投入获得的回报也就是产出，我们可以通过两种换算方法把产出折算成价格，一是如果 4 万小时仍然采用线下学习的方式，大概是多少费用？二是这 4 万小时数字化学习时长如果通过外部市场购买，需要多少费用？

如果仍然是面授集中学习形式，假设过去每位员工每小时的学习成本，连内容、师资和差旅等，平均 200 元 / 小时，4 万小时的学习量，则需要 800 万元。

如果这 4 万小时学习量按市场价采购数字化学习课程，假设该公司所处需所有主题类型的数字化课程学习平均市场价为 150 元 / 小时 / 人，则 4 万小时的学习量需要 600 万元预算。

这样就能得出两种算法下不同的投入产出比，根据"年度产出 / 年投资总额 ×100%"的公式，分别是"800 万元 / 220 万元 ×100%=363%"和"600 万元 / 220 万元 ×100%=132%"。事实上，无论是按面授时长换算，还是按数字化学习市场报价，可能发生的成本只会更高。此外，成本中的 100 万元平台建设费用是一次投入长期产出，随着平台持续使用，每年参与学习人员总数的增加，以及平台使用年限增加，投资回报率还会逐年提高。

除了 ROI 之外，还有一些数据也能从一定程度反映数字化学习的综合效益，包括综合学习转化率、内容生成量、内容应用率等。

而运营效率数据评估则是数字化学习时代非常有必要跟踪的另一类数据信息。

过往线下面授培训时代，我们很少会关注学习运营效率，随着数字化学习时代来临，企业整体的学习效率提升了多少，扩大了多少等，都是通过运营效率数据体现出来的。运营效率数据的收集分析，可以面向平台的覆盖度、活跃度、活跃人力，也就是通过我们的持续运营，整个平台流量的保持和提升数据，也可以根据不同的品牌栏目分别统计。此外，内容体系的点击量、转发率、好评率、内容分类的热度分布等，也都属于运营效率数据。

一段时间内整个企业数字化学习项目的整体运营数据也能反映运营效率，比如项目数量、项目启动率、项目完成率、项目转化率、项目好评率等。

有时候，我们甚至可以尝试一下统计"运营穿透率"数据，整个平台或某个栏目或某个系列学习内容，甚至某个学习项目，将其有运营和无运营状态的应用结果数据进行对比，用来论证数字化学习运营的有效性。比如某个公司数字化学习平台上线第一个月，因为内容运营没有专人负责，基层管理者系列课程的学习量数据是怎样的；一个月过后有专人负责内容运营了，为基层管理者定期定向推送合适的主题课程，下一个月这些课程的学习量数据又是怎样的。两者一对比，就能得到内容运营工作的穿透率数据，验证运营所带来的价值。

接下去咱们再看第二个维度的评估区分，面向某一个具体的学习项目或者某个系列的学习项目，对应的过程评估和结果评估。

项目的过程评估，一般我们跟踪项目运营实施过程中的阶段性数据信息。

比如某一个阶段，我们调研的回收率，作业的达标率、学习的完成率，测试的通过率，技能的转化率等。而这些过程性的数据信息是为最终的项目结果评估服务的。有些数据如果等到项目结束之后再收集，由于更多数据的干扰，数据的筛选可能会变得很复杂，甚至不是很精准。同时，项目的过程数据还有另外一个作用，就是让我们在过程中及时发现问题，实时纠偏或矫正。

除了阶段性评估，项目的结果评估方法也有很多种，常用的手段有柯氏四级模型，CIPP模型，成功案例法等，这些是所有学习项目通用的方法，我们将在第六章进行说明。

第六章
如何设计运营数字化学习项目

从面授项目到数字化项目的思维转换

随着企业数字化学习推广运营的深入，如何设计实施数字化学习项目，是大部分数字化学习运营新手特别关心的问题。根据整个数字化学习行业的发展状况来看，绝大部分企业的学习管理者在传统项目的设计、实施、教学、评估方面功力深厚，经验丰富，做得非常出色。但对于数字化学习项目，更多是凭着过往的经验设计实施，效果差强人意。而这里所说的"过往的经验"，指的是传统面授项目的经验。或许，我们需要换一个视角，更新一下思维方式，思考数字化学习项目的特点和区别。

思维转换

首先，作为一个数字化学习项目，基本都有较大比率的互联网学习成分，因此它是学习产品的同时，它还是互联网产品。学习项目有清晰的项目目标，同时有明确的项目对象，而作为互联网产品，它一定会使用到互联网的平台和技术，同时也要求每一个设计者，策划者，甚至运营者兼具互联网思维。这里所说的互联网思维，我们可以认为是流量思维、简约思维、用户思维和迭代思维的高度统一。

作为互联网产品，流量很重要。流量指的是在这个项目中，学员愿不愿意来，愿不愿意留在这个项目中，坚持完成所有的模块学习。流量是项目效益的基础，为了使得保证流量达到设计预期，并保持一定的稳定性，我们需要让学员的学习变得非常简单。这种简单体现在学习活动的操作、体验和交互形式上，也就是项目设计的简约思维。用户思维也是数字化学习项目设计中必备的，学员的需求、偏好与习惯，需要体现到项目内容、过程和体验设计中。此外，项目的数字化网络化属性，使得数字化学习项目需要很强的应变和迭代能力，通过数据监控随时发现问题随时调整。

综合以上特点，这里给出一个数字化学习项目设计的 5C 原则提供参考。这 5C 分别是：

Clear：明确的目标与收益

与所有学习项目一样，数字化学习项目的目标要非常明确。用来指导后继所有环节的设计。

Correlate：相关的内容与过程

提供与目标高度相关的内容，设计服务学习效果的项目过程。

Consider：在岗的场景与环境

大部分线上学习过程是不脱产的，学员可以边学边练，快速转化，这个因素使得数字化学习的转化和成果输出速度非常快，要考虑到项目设计中，既要考虑时空场景，又要考虑行为场景。

Convenient：简单的入口与参与

参与越简单越好，复杂的参与方式和操作过程会劝退很多学员。

Celerity：即时的反馈与激励

互联网学习，唯快不破。我们如何在项目中提供即时的反馈和激励，也是我们设计中要一并思考的内容。

项目分类

传统的线下学习项目，一般是为了解决战略业务问题、为特定人群赋能居多，参与的人数会受到场地、环境和工学矛盾的限制。

数字化学习项目同样是为企业服务的，和传统面授项目一样，需要支持企业的战略和业务发展。通过员工能力的提升，带动企业整体绩效的提升，这样的项目我们称为业务支持型项目。但由于其充分利用各种信息化技术和手段打破了场地的限制，所以可以一次性容纳更多学习者，并一定程度上解决工学矛盾，降低培训成本。

但有的数字化学习项目不追求学习者掌握多少知识技能，能力提升到什么程度，而是通过一个项目让大家体验数字化学习的功能、内容或形式，项目追求的重点是流量，这种项目我们称为引流型学习项目。正如我们之前提到的"流量思维"，引流型项目的目标是为了获取平台流量，提高员工对数字化学习的了解和应用度，转变学习习惯。比如每周一次线上读书分享会、春节假期的学习挖宝活动等。

我们甚至可以通过设计，使得某个项目能在支持业务的同时，又能够吸引流量。

另外，我们曾在数字化学习运营体系中提到过微学习型项目，它既可以为平台引流，也可以支持业务。只是在运营形式上跟我们过去所接触过的业务支持型的项目略微有些不一样。在微学习项目中，学习内容的颗粒度更小，更讲究单个任务的简单性、连续学习的不间断性以及学习者的习惯养成。比如说，每天一个小任务，但每天都有任务。就像有些小朋友上网课，每天只要学习 20 分钟，但每天都要学，完成就有各种奖励，小朋友们自然就养成了每天学习的习惯。对于成年人而言，也一样适用。

数字化学习项目设计要点

数字化学习项目也是学习项目，它同样要走完需求分析、目标设定、主体设计、评估设计等流程步骤。从设计框架来看，并没有和面授或各种混合式学习项目有根本不同。但由于其数字化和网络化特征，在设计中又体现出内容、形式和运营方式的显著区别。接下去，我们将结合数字化学习项目的特征，展开说一说设计中需要关注的重点和注意点。

需求分析

无论是哪一种类型的数字化学习项目，要设计得精准有效，需求分析必不可少。

从企业数字化学习项目的开展现状来看，大部分企业的业务支持型项目，既有综合度很高的中长期项目，也有高度聚焦的短平快项目。其中，中长期项目适用于特定人才队伍的体系化培养，短平快项目更多适用于快速解决业务问题。

业务支持型项目一般从三个层次收集需求，这和面授或混合学习项目的需求分析没有差别，只是需求收集的过程可以采用更为数字化的手法，比如线上调研、线上数据分析、线上会议讨论、线上访谈等。

第一层：战略层需求收集，通常我们可以通过企业战略资料研读、重要会议材料、高管访谈等渠道获得信息。

第二层：业务层需求收集，通常我们可以通过业务部门访谈、业务观察和跟踪、关键指标分析、绩效数据对比、业务关联者甚至客户倾听等方式获得信息。

第三层：个人层面的需求收集，这里的个人不一定是实际受训的人员，而是这个岗位或对象人群的代表。我们可以通过问卷调研、摸底测试、访谈等方式获得信息。

这三个层次我们收集的信息是不同的。战略层需求，我们关注的是企业的战略和业务发展目标。业务层需求，我们关注的是相关业务部门的业绩目标是否达成、关键指标中哪些是弱项、可能的绩效不佳的原因，以及部门负责人对所在部门未来发展的要求、对团队人员的要求是什么。个人层面，我们更关注的是他们当前的岗位胜任能力、绩效差距以及未来发展需要储备的能力。如果对这三类需求排列一下优先级，应该是战略层高于业务层高于个人，毕竟学习项目最终是为了服务于企业和业务发展。

当然，需求收集并不是听到什么就是什么，善于深挖本因，分析现象背后的根本原因，并找出关键问题，才是每个学习设计者应当具备的能力。举个例子，某家公司的销售部总监因为销售团队士气不足业绩不佳，让人力和培训部门给销售部策划一期销售能力提升培训。这位总监希望培训包含两大主题，一是通过团建提升士气，二是补充销售技能方法提升业绩。请问，人力或培训部门就可以直接安排这两项主题的学习了吗？

显然不是，因为"士气不足业绩不佳"不是需求，而是现象。作为培训专家，必须多渠道多元化收集信息，分析现象背后的原因，说不定这原因分析到最后，是因为这位总监自己的管理出了问题，导致他的团队士气不足呢？当然，也可能是因为公司本身体制或流程的原因，销售人员的业绩没有获得相应的回报，如果是这样，培训能解决吗？

第六章
如何设计运营数字化学习项目

诚然，培训不是万金油。虽然有些企业一有问题就搞培训，但事实上很多问题培训是没有办法解决的。因此，收集回来的数据和信息我们需要进行过滤，去除培训不能解决的问题，其中战略本身的问题，内部管理体系制度流程的问题，企业在某方面投入不够使得有些事情无法推动的问题；最后还有一个大家很容易忽视的，企业本身文化和人员态度的问题。这类问题，培训能起的作用极其有限，建议大家把焦点放在学习项目能够解决的问题上。

把这四类需求给过滤掉，聚焦剩下的需求中学习项目能够解决的问题，才是有效需求。

数字化学习项目能解决哪些问题呢？改变认知意识、塑造专业能力、激活平台流量、建设数字化内容等都是数字化学习项目擅长的领域，但是这里的改变认知意识不是前面提到的无法改变的文化态度，而是员工原来不知道的认知性内容，造成他们意识思维的局限或错误，通过培训获取这些内容后，改变他们对于一些事物的看法，比如安全意识、环保意识等。而塑造能力，一般是认知改变和行为改变双驱，提升目标对象的能力，最终目的是服务组织发展。

必须说明的是，数字化学习更强调嵌入工作场景的学习，因此，面向实际工作中的"新、多、用、惑、变"收集需求，在项目中提供精准的内容和支持方式，才是数字化学习真正发挥优势的领域。"新"指的是应对当前和未来工作的新知识新技能；"多"指的是把当前工作做得更好的成功经验；"用"是提供更实用的方法和更有效的练习实践过程；"惑"是能让工作中的疑问和痛点快速解决；"变"则强调的是项目赋予员工对于企业各种变化的适应能力。

对于引流型项目，我们则主要基于数字化学习运营层面分析需求，聚焦流量走低的原因。有时候也会因为平台升级或功能升级设计引流活动。这时，项目需求聚焦的根本是提升流量，或者引领参与者走完体验路径。更重要的是，我们要思考一旦引流成功，如何保持大家的学习和应用，转化到能力提升方向的学习中，让流量变现。

目标设定

培训人的经典书目《将培训转化为商业结果——学习发展项目的 6DS 法则》中提到，对于一个业务支持型学习项目来说，要面向学员的行为变化和组织业绩变化设定目标。假如这些目标在项目设计初期确定下来，而且清晰精准，在项目结束后，我们只要把项目结果跟最初设定的目标进行对比，就可以得出最有力的效果评估信息。项目设计的"以终为始"思想，也由此而来，即项目最后的评估方向，源于最初设定的目标。

通常，我们把面向组织业绩变化的目标称为项目的商业目标，而面向学员行为变化的目标称为行为转化目标，也可以称为学习目标。对于数字化学习项目而言，也同样可以设定这两种目标，反映项目对企业战略和业务的支持，以及对员工行为改变的作用。

请注意，为了能在训后进行对比，商业目标必须包含时间值和指标值，这样我们才知道在项目开展或结束多久以后跟踪和评估，需要对比的指标是什么，这里的指标值，可以是财务指标，也可以是非财务指标。比如：

- 三个月后销售额比现在增长 20%；
- 三个月后客户投诉数量降低 20%；
- 接下去一年，生产车间安全事故数同比下降 80%；
- 在 18 个月内把培训临时技工所需时间缩短 25% 或以上。

当然，也可以用 SMART 原则来设定目标。

行为转化目标，一部分源于对商业目标的分解，一部分来自需求的收集。

业务支持型项目所设定的每一条商业目标，必须有一条或多条行为转化目标支持其实现，因为项目就是通过改变员工行为来改变组织业绩。无论是来自商业目标拆解的行为转化目标，还是直接来自需求的行为转化目标，都有个翻译过程，为了达成业绩，受训者需要发生怎样的认知行为变化？比如"三个月后客户投诉数量降低20%"，或许可以拆解出客服经理需要具备的沟通、即时响应、事务处理、快速反馈等行为变化的要求。

来源于业务或个人层面的诉求中，也可能隐藏了具体的行为需求。比如新员工代表说"刚入职一个星期，有点茫然，领导指派了很多学习和工作任务，有点安排不过来，又不知道怎么跟领导说，最后导致什么也干不好。"背后需要什么行为呢？聪明的读者很快会发现，有时间管理的能力问题，也有向上沟通的能力问题。

从优先级的角度而言，来自商业目标分解的行为转化目标，一般高于来自个人需求的行为转化目标。道理显而易见。

我们可以尝试使用业界比较通用的ABCD法来描述行为转化目标，凸显具体行为。ABCD法中的四个字母分别代表：

A（Audience）——目标学员，有些项目的学习对象可能分层分类，所以要描述每一类学员的行为要求；

B（Behavior）——对期望发生的行为的描述；

C（Condition）——操作该行为需要的环境、条件或工具；

D（Degree）——行为的操作标准或程度。

连起来就是一句话：谁在什么情况下做什么事，（需要）做到什么程度。

比如：

- 设备检修工程师在日常发动机故障维修工作中，能于60分钟内定位

X580 发动机故障原因。

● 培训经理能够在日常工作中，正确应用 STAR 模型萃取与编写企业内部案例。

行为转化目标既然是一个提供对比的目标值，其描述的行为应当是可见的，或者说可以被观察和发现的，否则无法追踪；同时，其衡量值应该是清晰明确没有歧义的，这样衡量标准才可能在所有人心目中一致，否则评估时会产生分歧和偏差。

假如新员工学习项目中有一条这样的行为转化目标："新员工能够在工作中有效管理自己的时间，完成各项交办任务。"其中的"有效"就是一个没有统一标准的程度（D）描述。上述目标怎么改呢？"新员工能够在直线经理的指导下，每周制订工作学习时间计划，并按计划完成相应事务。"或许是一种可行的描述方式，因为其中的程度（D）非常清晰——每周制订计划，按计划完成任务。

有些培训设计者在设定项目目标时，经常使用"熟练"描述行为标准或程度，比如"新上岗的银行员工能熟练清点纸质钞票"，请问，什么是"熟练"呢？每个人心目中"熟练"的标准相同吗？"熟练"是一分钟清点多少张钞票呢？如果把目标描述成"新上岗的银行员工能在一分钟内清点至少 120 张纸钞"，是不是更容易实现训后评估。

此外，对于行为（B）的描述，我们不建议使用类似"知道、理解、掌握"这样的词语，因为它们所对应的行为是不清晰的，后期无法观察跟踪。举个例子，一个行为转化目标的描述包含"掌握面向老年客户的服务方法"，请问，这里的"掌握"是指将方法记忆在大脑中？能说出方法？能写出方法？还是能应用方法开展相关工作呢？我想大部分读者都觉得"掌握"不就是应用方法开展相关工作吗？但是说出和写出方法也是掌握，只是不同层次的掌握，甚至"记忆在大脑中"也是掌握，只是看不见摸不着，我们无法进行跟踪和评价。因此，越是能够被观察到的行为描述，越能使我们训中训后的评估变得简单易操作。

至此，我们就可以尝试把需求转化成目标，填入项目目标梳理表了（如表6-1所示）。填写完后，可以根据项目的潜在利益与紧急性、取消或延迟代价、项目成功概率以及领导要求等，为这些目标排序。务必同时考虑需求来源的层级，优先实现跟商业结果有关的目标。别忘了，与生产和业务相关指标的设定，务必跟需求提出方共同商议，千万不能只有人力或培训部门自己决定，最后领导和用人部门不认可，目标就是无效的。

表6-1　项目目标梳理表（业务目标导向型项目）

	序号	目标描述	优先级
商业目标	1		
	2		
	3		
	……		
行为转化目标	1		
	2		
	3		
	……		

企业内部还有一类业务支持型项目是为了体系化地培养特定人才队伍的能力，比如不同层级领导者、后备干部、高潜人才、精英销售、客服代表、星级内训师等，这些人群往往已经有清晰的人才画像或者能力素质模型。我

们就可以直接把画像或模型中的能力项和相关能力目标描述作为项目的目标，填写到如表6-2所示中。

表6-2 项目目标梳理表（能力目标导向型项目）

序号	能力项		目标描述	优先级
	大项名称	小项名称		
1				
2				
3				
4				

与表6-1的填写一样，表6-2中的"目标描述"中，如果具备清晰的认知或行为要求以及可以量化的指标，设计项目时将更为精准。

源自目标的学习任务设计

项目的学习任务设计，首先要明确项目设计逻辑。设计逻辑是什么概念？是从项目目标出发，按照"以终为始"的思路，打通整个项目的任务流程和评估手段，最终形成闭环。

我们之所以如此细致地分析推导项目目标，明确各项行为和指标，就是为了用目标指导整个项目的设计。正如在大海中航行中的船只需要根据灯塔指引的方向前行，在沙漠和森林中旅行的人们需要依靠指南针前进，项目目标就是项目设计的灯塔和指南针。项目后继设计都是为实现目标服务的，包括时间、模块、内容、形式、运营手段等，每一步设计都不是随意的，而要时时回望目标。不忘初心，方得始终。

前面说到，业务目标导向的学习项目，其商业目标的实现需要以行为转化目标来支持，也就是说，如果能够实现所有的行为转化目标，商业目标一定程度上也就跟随实现了，所以我们设计项目时必须关注行为转化目标的达成度。这就代表我们要基于行为转化目标设计学习内容和各项任务，体现目标和任务之间的关联性。

但是学习任务的设计仅仅是设计学什么课程吗？显然不是。对于一个传统的面授学习项目而言，学习过程通常发生在教室里，每个学员几乎一样。而对于数字化学习项目而言，学员未来可能在什么场景中学习该内容并不完全确定，这需要我们预测和引导，并选择最适合该学习场景的呈现形式推送给学员。比如，学员在工作日学习的内容，就要考虑学员可能的作息时间以及能够用于学习的时长。比如学员在工作时间通过移动手机学习的知识性内容，为了不影响办公室、车间或实验室其他员工，没有外放声音的静态图文或许是很好的选择；再比如，要让学员快速掌握某项具体操作，或许带有清晰演示过程的真人视频作用更明显。

此外，行为转化目标中所描述的每一个目标，都有不同层次的难度和要求，如果我们参照布鲁姆教育目标层次模型（1956年，美国教育心理学家本杰明·布鲁姆发表），再结合大部分学习任务的目标，大致可划分为包括记忆、理解、运用、分析、评价和创造六个层次（如图6-1所示）。而不同的层次，对学习的形式和过程的要求一定是不同的，这就需要我们设计时有所区别。

悟道	创造	创作、计划、设计、建构
悟道	评价	评鉴、比较、辩论、证明、判断
做到	分析	图解、区分、说明、阐述
做到	运用	操作、使用、修改、解决
知道	理解	区别、概括、总结
知道	记忆	识别、提取、回忆

图 6-1 基于布鲁姆教育目标层次模型的学习目标层次

如果目标中对知识认知的层次只需要达到"记忆",学员可能只需要通过图文阅读、微课学习、微视频观摩等方式就能实现。如果目标要求是"理解",仅仅单向推送图文和微课等内容可能就不够了,需要叠加笔记、答疑等形式……每个层级,我们一般都可以找到对应的数字化或线下的学习形式和过程(如图 6-2 所示)。这些学习形式是向下兼容的,例如要达成"分析"目标,一般要建立在记忆、理解、应用的基础上,所以学习任务设计时也要考虑下面三个层次的学习任务,除非目标对象往下三层的能力已经具备。这也是为什么我们设定的目标越精准,在学习任务设计上就越有效。从图 6-2 所示中我们可以看到,过往我们组织过的训练营、工作坊等线下学习活动,其实是多种学习任务的组合,可以一次性带领学员达成多项不同层次的学习结果。

第六章 如何设计运营数字化学习项目

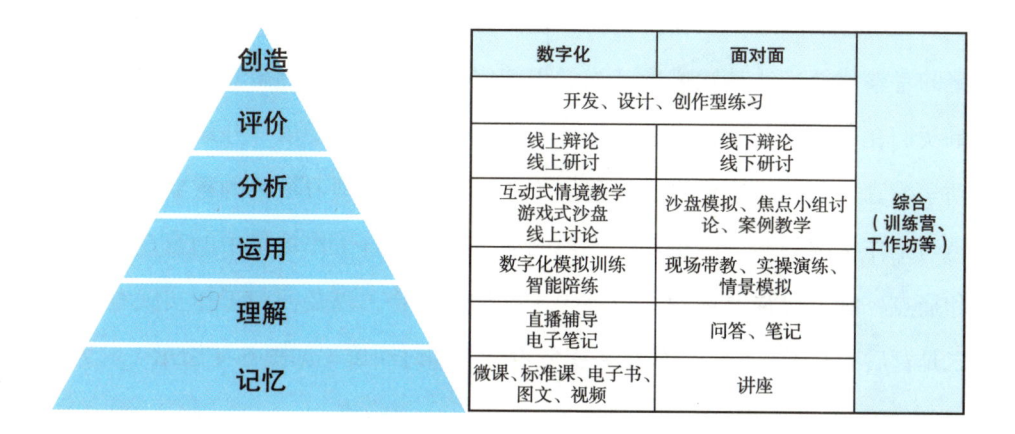

	数字化	面对面	
创造	开发、设计、创作型练习		
评价	线上辩论 线上研讨	线下辩论 线下研讨	
分析	互动式情境教学 游戏式沙盘 线上讨论	沙盘模拟、焦点小组讨论、案例教学	综合（训练营、工作坊等）
运用	数字化模拟训练 智能陪练	现场带教、实操演练、情景模拟	
理解	直播辅导 电子笔记	问答、笔记	
记忆	微课、标准课、电子书、图文、视频	讲座	

图 6-2 学习任务设计的适用形式参考

我们甚至可以用一个 TCT 罗盘，实现 Target 目标—Content 内容—Task 形式（如图 6-3 所示）的关联设计。

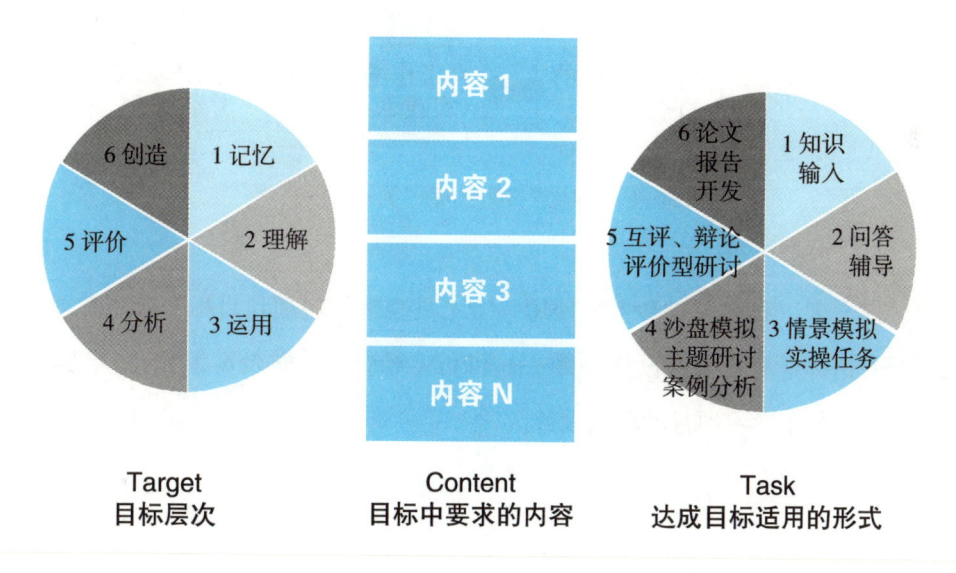

Target 目标层次
1 记忆
2 理解
3 运用
4 分析
5 评价
6 创造

Content 目标中要求的内容
内容 1
内容 2
内容 3
内容 N

Task 达成目标适用的形式
1 知识输入
2 问答辅导
3 情景模拟 实操任务
4 沙盘模拟 主题研讨 案例分析
5 互评、辩论 评价型研讨
6 论文报告开发

图 6-3 TCT 罗盘

177

在学习项目中，一项行为的转化，通常需要"学习 + 练习"，并通过一定的考察才能确认其达成度。光学不练假把式，有学有练出真知。因此，如果我们在项目任务中，把学习任务、练习任务、达标要求一并设计，就能推动学习真正落地。这个过程中我们不能忘记数字化学习项目的重要特征，一是与工作实践的结合度更高，学习的内容更多来自工作场景中的盲点、难点和痛点，练习时强调更深入更高频次的学用结合，以及回归工作实践考察；二是背后有基于数据的分析结果引领设计并随时纠偏（如图6-4所示）。

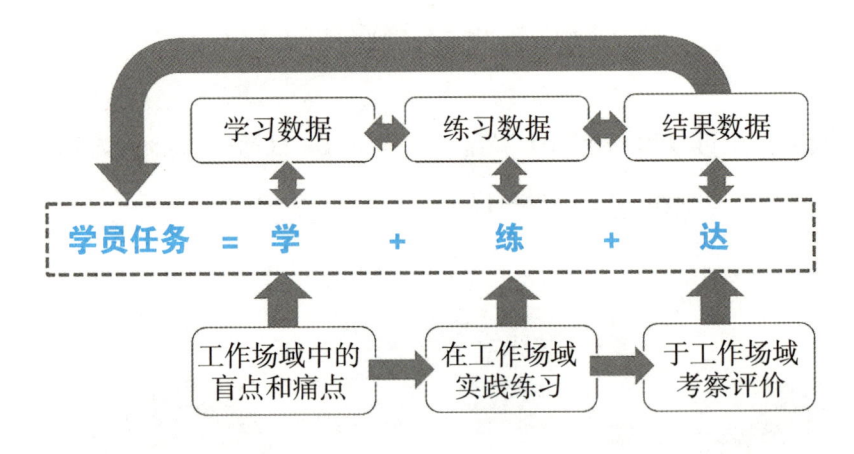

图6-4　数字化学习项目中的"学－练－达"

接下来，我们可以参考和使用一个工具表来体现项目目标和各项学习、练习、达标任务之间的设计关系——ATTTA对应表（如表6-3所示），这张表关系到整个学习项目的逻辑设计。

表 6-3　数字化学习项目设计 ATTTA 对应表

序号	行为转化目标或能力目标（A）	学习主题（T）	时长（T）	任务（T）			评估方式（A）
				学 （内容－形式）	练 （内容－形式）	达 （形式－要求）	
1							
2							
3							
4							
5							

（表头："＿＿＿＿＿＿项目 ATTTA 对应表"）

ATTTA 对应表，第一个字母 A 是目标 Aim，也就是行为转化目标，只要行为转化目标能够达成，一定程度上商业目标就实现了，因此这一列把项目目标梳理表中的行为转化目标照搬过来即可。但有时候我们设计的项目所面向的目标人群，企业内部已经有既定的能力画像或素质模型为培养目标，那第一个 A 也可以是模型中的能力目标的具体描述。

A 后面第一个 T 是主题（Theme），我们也可以把它看作是项目模块，即每一项行为转化目标或能力目标，初步设定用一个主题模块的设计支持其实现。当然，ATTTA 对应表中，并不是每一条目标必须有一个独立的模块与它对应，我们可以根据目标之间的关联度和颗粒度进行合并和拆分。彼此有关联的多条目标，通过一个模块设计实施达成；或者实现起来比较复杂的目标拆分到多个模块达成，避免实现周期过长，导致学员兴趣度下降。这些都是可以的。

第二个 T 是时间长度（Time），即预估每个模块或阶段，所有学员完成任务需要的时长。

第三个 T 是具体的任务分解（Task），其中包含了学习、练习和达标任务。三者结合共同服务当前模块主题对应的目标，瞄准目标展开设计。

最后一个 A 则是评估手段（Appraise），每一条行为转化目标或能力目标，用什么方法或手段跟踪评价。补充一下，第三个 T（Tast）中，如果练习和达标的任务完全发生在实际工作场景中，我们甚至可以把达标任务与评估手段（Appraise）合并设计填写。

ATTTA 对应表通过"目标（Aim）—主题（Theme）—时间长度（Time）—任务（Task）—评估（Appraise）"的填写逻辑，可以帮助我们快速形成以终为始的设计闭环。

下面是一张填写示例表，提供大家参考（如表 6-4 所示）。

四步五维模型

项目的逻辑厘清之后，我们再次回归互联网思维中的"用户思维"，思考一下，一个数字化学习项目的学员加入项目后，关心什么？

或许，他们关心为什么要参加这个项目，项目的吸引力在哪里？该在什么时间加入项目各项任务？在哪里、用什么平台、使用什么工具参与学习？他们会学到什么？将按什么流程学习？学完以后，又会收获什么？另外，谁会帮助他们学习，谁会跟他们一起学习……这些，都可能是学习者关心的问题。如果我们把这些信息分个类，将发现这些都是项目主体设计时考虑的因素，而且是从学员视角看到的要素。我们可以总结归纳成 5W1H，即 Why，When，Where，What，Who 和 How。

换个角度，站在培训设计者的视角，以学员为中心去看 5W1H 的话，也有类似结果（如图 6-5 所示），但是表述的方向有些差异：

第六章 如何设计运营数字化学习项目

表 6-4 某公司新员工通用能力培养项目 ATTTA 对应表填写示例

序号	行为转化目标（A）	主题（T）	时间（T/天）	学 内容	学 形式	任务（T） 内容	任务（T） 形式	达 （形式/要求）	评估方式（A）
1	新员工能够准确说出公司的业务产品和文化	了解企业	7	业务和产品介绍	系列微课	产品文化自测	线上测试	制作企业介绍公众号文案	制作企业介绍公众号文案
				企业文化	系列微视频				
2	新员工进行商务接待时，符合各项商务礼仪规范，正确完成接待流程相关交互环节	商务礼仪	15	商务接待流程与礼仪	系列微课	商务接待接洽日常接待问题自检	线上情境游戏导师作业	1. 模拟游戏通关；2. 日常接待问题优化记录	商务接待合规在岗观察
3	新员工日常工作中，能够至少使用一种科学的模式进行思考和表达	逻辑表达	10	结构化公文写作	系列微课	公文写作练习	导师作业	1. 完成命题公文；2. 参与表达 PK 赛	日常表达与公文抽检
				结构化表达	系列微课+直播辅导	1分钟表达 PK 赛	直播+辅导		
4	新员工能够在直线经理的指导和帮助下，每周制订工作和学习计划，并按计划完成相应事务	时间管理	10	时间管理	系列微课案例分享	时间规划表练习	公开直播	提交一周工作计划并按计划实施	周计划完成度日常跟踪
5	新员工能够使用公司电子合同管理系统，按公司规定时间完成合同内容的填写和报送	合同管理	10	公司合同规范	系列微课	合同管理流程练习	导师作业	参加实操考试并过关	合同流转效率跟踪
				电子合同管理系统操作	模拟系统操作		模拟操作		

181

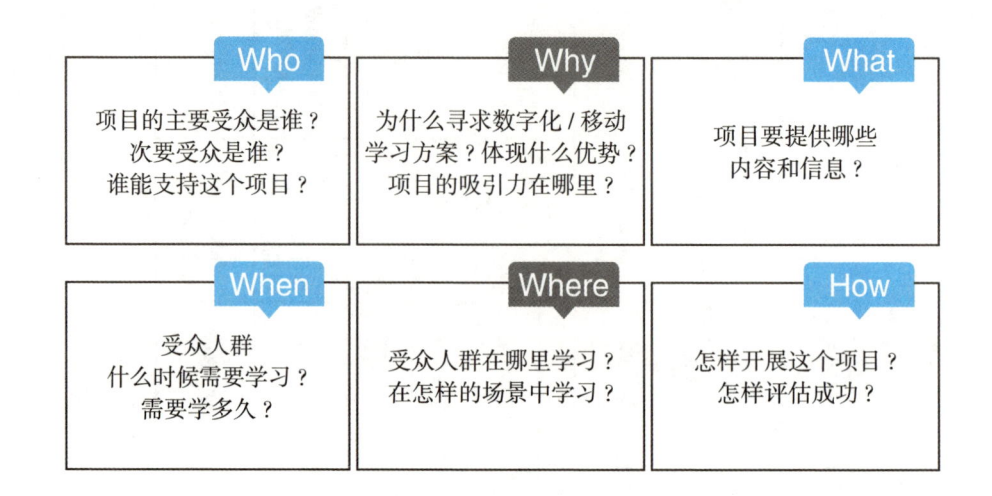

Who	Why	What
项目的主要受众是谁？ 次要受众是谁？ 谁能支持这个项目？	为什么寻求数字化/移动学习方案？体现什么优势？项目的吸引力在哪里？	项目要提供哪些内容和信息？

When	Where	How
受众人群 什么时候需要学习？ 需要学多久？	受众人群在哪里学习？ 在怎样的场景中学习？	怎样开展这个项目？ 怎样评估成功？

图 6-5　数字化学习项目的 5W1H 分析

- 第一个 W，Who，即我们最关注的项目受众。此外，还有能够为项目提供支持的人员。
- 第二个 W，Why，我们为什么选择移动或者数字化方案，能够带来什么样的优势和价值？
- 第三个 W，What，我们在项目中提供哪些内容和信息。
- 第四个 W，When，整个项目周期是怎样的，我们如何安排学员的学习时间，使得节奏刚好合适，且学习卓有成效。
- 第五个 W，Where，学员参与、完成各项任务，以及获取学习支持的平台、工具在哪里，而学员学习的场景又是怎样的。
- H，指 How，即我们怎样开展这个项目，面向学员的过程是怎样的，经过哪几个阶段？当然，也包含如何评估项目是否成功的问题。

先说 How——怎样开展这个项目，即整个项目的流程。为方便大家记忆，可以归纳为四个步骤，分别是"准备""输入""转化"以及"收尾"（如图 6-6

第六章
如何设计运营数字化学习项目

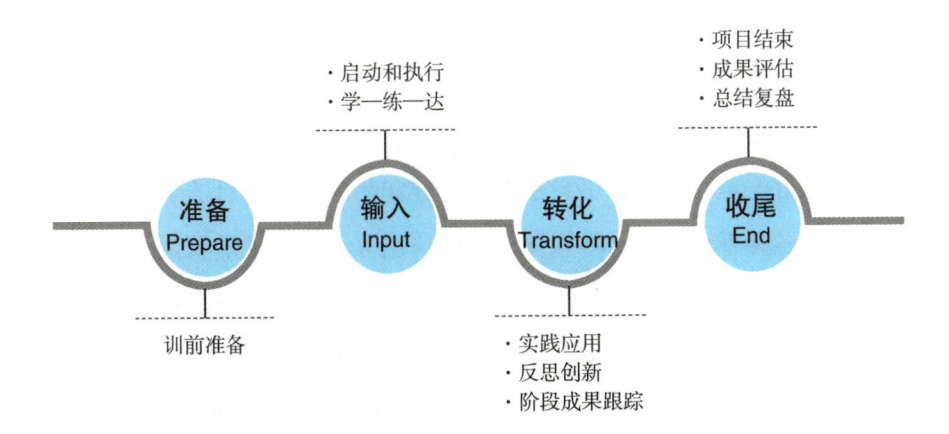

图 6-6　数字化学习项目过程的四个阶段（PITE 流程）

所示）。

准备阶段是项目已经设计完成，在学习任务正式启动之前必要的训前筹备阶段。

输入阶段，就是整个项目核心的学习阶段，我们会启动和执行各项学习、练习任务，设定达标要求。

学习转化阶段，是一个能力落地的过程。这个时期，学员就在学习基础上持续练习应用、反思创造，把在项目中所学到的知识和技能，用于工作场景中，实践和完成各项工作任务，也就是一个把学习任务转化为工作结果的过程。这里要注意的是，由于部分数字化学习项目，本身已经把练习任务和达标要求设计到实际工作场景中，所以输入和转化很可能同时发生，甚至合并设计。

收尾阶段，涉及项目各种结束前的工作，比如结营仪式、资料归整、项目最终的结果跟踪和效果评估，以及项目的总结复盘等。

这四个阶段，数字化学习的数据跟踪将贯穿全程，包括学习和练习的任务参与相关数据、任务达标数据、实践转化数据、目标达成数据等等，使得运营者能实时跟进，及时发现问题，及时纠正。

接下来，我们再把五个 W 进行简单的归纳和转换。

我们可以把 When 和 Where 放到一起定义为数字化学习的"学习环境"。因为情境也好，工具也好，平台也好，构建起来的都是项目的学习环境，包括互联网、各种平台功能，多媒体技术的应用等，形成了学员在这个项目中的基础学习场景。而数字化学习项目另一个显著的特点是可以不脱产，学员可以在工作中、生活中持续学习练习。所以"学习环境"要同步把这些时空场景考虑进去。比方说，我们设计一个新员工数字化学习项目，将选择哪个平台为主打学习平台，会引入其他工具平台吗，不同模块准备让新员工在办公室学还是家里学，这些都要提前考虑好。

What 在数字化学习项目中可以定义为"学习资源/内容"。除了数字化课程，还包括各种学习辅助内容、图文视频资料等，甚至有些内部网站上的推文都可以是学习资源。同时，学员在学习过程中产生的、创造的内容也可以作为新的资源加入项目资源池。此外，企业外部网络平台、社区和学习渠道中的相关内容，同样可以应用到当前设计的项目中。所以，学习资源和内容在项目生态中是有推有拉的，有内部的有外部的，整个资源体系是联动的。仍以新员工学习项目为例，要准备什么课程内容，这些课程内容用什么形式呈现。此外，项目过程中新员工会产出一些未来能被使用的新内容吗？都是资源内容设计考虑的范围。

Who 包含两类人群：

第一类是项目的教学辅导人员，包括培训师、导师、教练、评审者、辅导者等，也就是在项目中可以提供学习和评价支持的人员，甚至包括部分项目运营人员比如助教。他们在项目中承担什么角色，参与什么任务等，以上都定义为"教辅者"设计。新员工学习项目这么多课程的开发、讲授、辅导、作业与实操训练的评审等，谁来负责，标准是什么，都在这一类别的设计中考虑。

第二类人员对于学员而言是他们的学习同伴，对于运营者而言就是所有的学习者群体。他们通过共同参与构建起项目专属的社会化学习群体。而在数字化学习场景中，整个群体的管理跟踪支持机制，以及学员跟学员之间的关系形态，都需要经过设计。这部分可定义为"学习者"设计。

Why对于数字化学习项目的设计而言非常重要。过去有很多项目设计者认为，数字化学习项目设计很大的挑战是无法持续吸引学习者参与其中，那我们就需要在资源有限的前提下尽可能打造整个项目的吸引力，创造更好的数字化学习体验，用"Why"来实现"学习体验"设计。

现在，我们看到了基于How的四个步骤——准备、执行、转化、评价，全过程数据跟踪穿透，实时监控和矫正效果；基于五个W重新解构出来的五个要素的设计——学习环境、学习资源/内容、学习者、教辅者和学习体验，支持学员全流程各项任务目标的达成。这样就构成了数字化学习项目主体设计的四步五维模型（如图6-7所示）。

通过四步五维模型，我们先把学员在项目中的学习成长过程理顺，再为学员的每一步进程匹配资源，创造最好的学习体验，每一步设计都是为了让学习者的学习更有效。模型中五维元素的设计是从下往上的：在当前任务目标基础上，先考虑这项任务放在哪里执行，也就是学习环境；再考虑匹配哪些内容资源；然后才是学员们不同任务中的关系模式和跟踪管理手段；同时，要为学员完成任务配置哪些教辅资源；最后，要让当前任务体验最好，体验设计是怎样的。

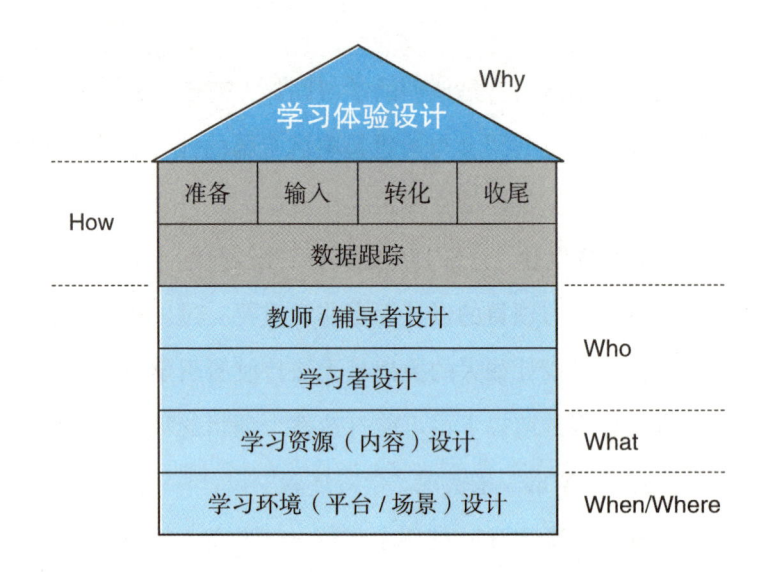

图 6-7　数字化学习项目设计的四步五维模型

而前面 ATTTA 对应表中已经设计好的"学习—练习—达标"过程，在四步五维模型中，则嵌入到四步流程中的"输入—转化"中。重申一下，如果项目本身已经把练习任务和达标要求设计到实际工作场景中，那么输入和转化可能同时发生，可以合并设计。我们用一张简单的示意图（如图 6-8 所示）表示"学习—练习—达标"是怎样嵌入项目的"输入—转化—评价"流程中的。细心的读者可能也发现了，其中已经包含了学习环境的设计，即数字化学习使用的平台、技术以及学习所处的场景。

学习任务的时间规划

当我们把 ATTTA 对应表中的各项学习练习任务设计完毕，开始规划整个项目的流程时，会面临新的问题：一个学习项目中有这么多活动，时间上怎么安排才比较好呢？是一个接一个推送任务，还是一次性把任务都布置给学

输入执行 + 学习转化			
时间	时间	时间	时间
阶段1（模块1）名称	阶段2（模块2）名称	阶段3（模块3）名称	阶段4（模块4）名称
学练达：内容/任务、形式/形式、平台/场景、练习达标要求	学练达：内容/任务、形式/形式、平台/场景、练习达标要求	学练达：内容/任务、形式/形式、平台/场景、练习达标要求	学练达：内容/任务、形式/形式、平台/场景、练习达标要求
转化：能力项、要求	转化：能力项、要求	转化：能力项、要求	转化：能力项、要求
数据跟踪	数据跟踪	数据跟踪	数据跟踪

图 6-8　项目流程设计中"学—练—达"的嵌入

员，让学员根据自己的时间自己安排？前者，我们可能担心项目节奏过于机械化，后者又担心学员无法自觉有序地学习，到最后无法完成学习任务。另外，大家共有的疑惑可能还在于，数字化学习是不是应该让学员有一定空间，采取"自定义路径"式的学习？或者让学员选择自己更感兴趣的内容？确实，我们开篇也提到过，"自定义路径"是数字化学习过程很重要的特点。

为了解决这些问题，我们仍然要回归"用户思维"和"简约思维"，分析项目目标对象的特点。他们更适合我们为其规划好时间的学习，还是更适合自己选择安排？哪一种方式对他们来说，能降低参与学习练习的难度，让他们能更愿意参与，继而更能确保各项任务的完成。

学习任务与活动的组成方式多种多样，其实没有那么多条条框框，尤其是数字化学习，未来的发生更高频、更随机。这里也提供两种可参考的时间规划模式，便于大家根据需要选择应用。

第一种称为过程流模式（如图6-9所示）。在过程流模式中，整个项目所有学习任务是顺序执行的。学员根据既定的时间计划共同进入某项任务，完成后共同撤出；再一起进入到下一个任务，再同时撤出。过程流模式相当于"齐步走"的步调计划，强调的是所有学员每个环节每个任务参与和完成的一致性。看得出来，过程流模式对于项目的任务跟踪和管控提醒还是比较高的。大家可能意识到了，传统的面授培训基本都是过程流，其实数字化学习项目也可以。如果项目周期不长，任务比较简单，可以选择过程流模式，一来设计简单，二来运营多样性程度低，不是很复杂。

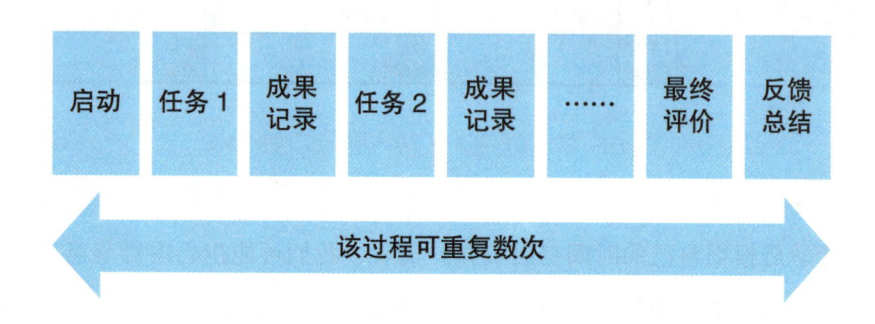

启动 → 任务1 → 成果记录 → 任务2 → 成果记录 → …… → 最终评价 → 反馈总结

该过程可重复数次

图6-9 时间规划的过程流模式

某企业的直播培训师线上训练营，由于任务少周期短，被设计成了典型的过程流模式（如表6-5所示）。四个阶段的学习任务一个接一个，不存在并行的任务，也没有选修的任务。

如果项目时间周期长，学员群体的组成复杂，知识准备度和经验度差异大，项目中的任务设计也比较复杂，可以考虑第二种规划模式——车辐模式（如图6-10所示）。它很像一个车轮，中间是一个或一组任务，辐射出去还有其他学习内容或活动。车辐模式是指，一个时间段以一项（一组）学习活动或学习内容为核心，重点考核或跟踪核心部分，其他活动或内容学员可自选，或由学员自定步调参与。

表 6-5　某企业直播培训师线上训练营任务时间规划

第一阶段（第一周）开局—教学设计			第二阶段（第二周）阔步—互动设计		第三阶段（第三周）进阶—演绎技术		第四阶段 冲刺—模拟实践	第五阶段 决战—课程 pK
周四晚 30 分钟	周五晚 2 小时	周六～周日	周二晚 2 小时	周三～周五	周一晚 2 小时	周二～周五	周六～周日	一个月排片展播
开营仪式	直播课程内容与流程设计	完成直播课件制作	直播课程互动与脚本设计	完成直播脚本编写	直播课程演绎与控场技术	自主练习提交模拟视频	直播路演	主播之战课程大 PK

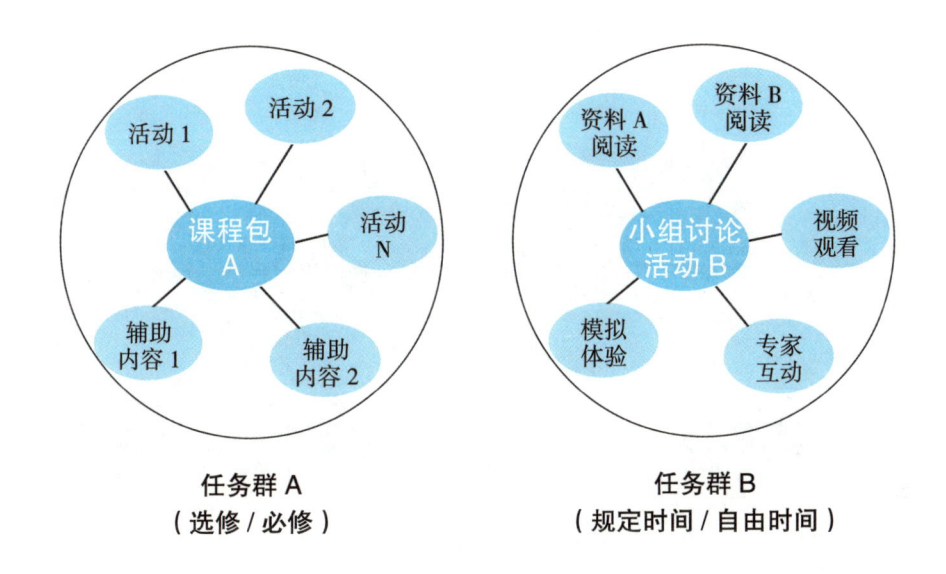

图 6-10　时间规划的车辐模式

任务群 A（选修/必修）

任务群 B（规定时间/自由时间）

如果从项目任务的自由选择参与角度来看，车辐中间是必修任务，辐射出去的是选修任务。

如果从完成任务的时间角度来看，车辐中央是必须在规定时间完成的，而辐射出去的任务学员可以自己安排时间完成，不做时间上的强制要求，只要在项目结束前完成即可。

车辐模式提供了数字化学习项目学员参与的灵活度，也提供了项目运营人员一定的空间，使我们可以视项目要求和可用运营资源进行设计和调整。

目前，很多企业设计学习项目尤其是混合式学习项目时，经常把过程流和车辐两种模式混合到一起，进行整个学习活动的流程设计。某公司的经营人才培养项目，就是典型的过程流和车辐两种模式的组合（如图6-11所示）。整个项目的三个阶段，其主轴是一个过程流，沿着主轴横线上的部署的任务都是必修的，但是阶段一和阶段二又将车辐模式融合设计，因此这两个阶段，学员有相对可以自由选择或安排时间的空间。

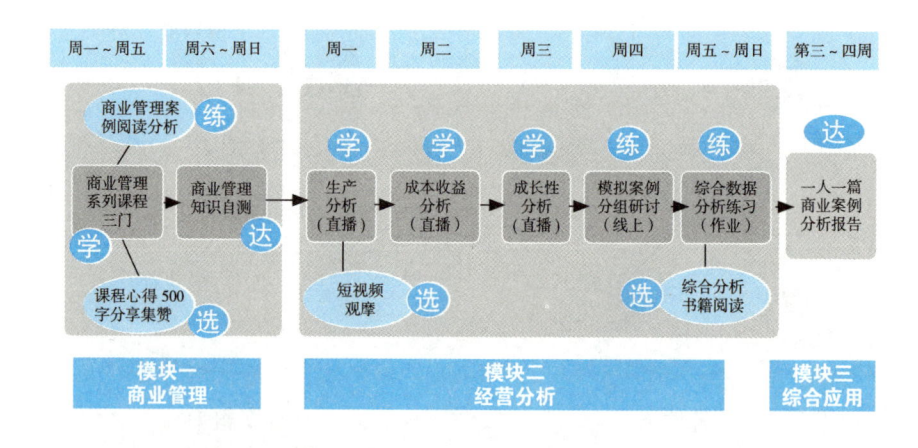

图6-11 某公司经营人才培养项目任务时间规划

学习环境设计

了解了数字化学习项目中各项学习任务的规划方式，相当于把握了"四步五维"房子模型中"四步"设计的核心，接下来我们围绕"五维"设计中的一些重点继续展开说明。

在"四步五维"房子模型中，学习项目设计的最底层是学习场景。数字化学习项目的学习场景是工作场域、互联网、学习平台、辅助软件和工具等共同构成的独特环境。其中，任务分发的过程、学员学习的过程、教辅人员反馈和组织互动的过程等，都是基于互联网、平台或工具发生的。转化阶段的跟踪，很多适合也通过数字化平台或工具记录重要信息。所以项目各阶段使用什么平台和技术尤为重要，我们一般把一个数字化学习项目使用的平台技术综合称为项目的"技术场景"。

一个综合度和复杂度较高的数字化学习项目，往往会用到多个平台。我们把项目大部分学习课程内容的存储、任务布置的主打平台称为"首选平台"。同时，整个项目的组织管理和监控跟踪，一般也基于首选平台。

作为项目里最重要的技术环境，哪个平台适合成为"首选"可以参考两个原则：

第一，最简原则。学员通过这个平台参与各项任务的学习练习，他们的参与是不是最简单最方便的？

第二，最佳原则。通过这个平台参与学习和练习后，学员的学习效果是不是最好的，教师辅导者的反馈是最及时有效的，产出的成果质量是不是最有保障的？

除了首选平台，很多项目还会应用一些公众平台和辅助软件，弥补首选平台功能或体验上的不足，或使项目的组织形式更为多样化。

目前，国内大部分企业在设计实施数字化学习项目时，首选平台一般都是企业自有的学习平台，而微信、钉钉、QQ、飞书等整合了社群和即时交流功能的第三方软件，经常成为企业内部学习项目的辅助平台。

除数字化平台以外，项目设计时我们还要关注学员的学习情境（如图6-12所示）。学习过程中，很多时候学员是不脱产的，学员可能是"移动"的，或者身处不同场景中，我们就要考虑学员会在什么地点和情境中完成推送给他们的学习任务。

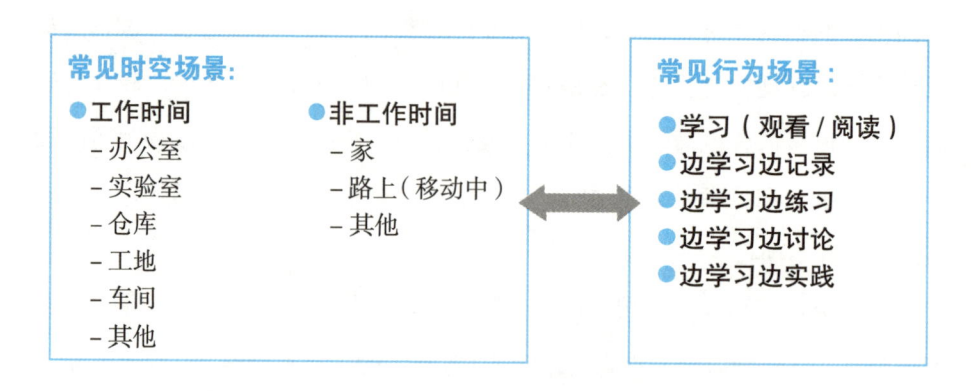

```
常见时空场景：              常见行为场景：
● 工作时间    ● 非工作时间   ● 学习（观看/阅读）
  - 办公室      - 家         ● 边学习边记录
  - 实验室      - 路上（移动中） ● 边学习边练习
  - 仓库        - 其他       ● 边学习边讨论
  - 工地                     ● 边学习边实践
  - 车间
  - 其他
```

图 6-12　数字化学习常见情境

第五章关于混合学习项目的效能提升的分析中，我们专门探讨过任务的时空场景和行为场景。总而言之，能不能让学员在当时的情境中顺利参与到项目任务，输出学习成果，是学习情境设计的核心。

假如我们每次任务的设计和推送，恰好是学员可以立即参与的时间或地点，而平台功能支持度又很高，那么学员的学习参与率才会更高。当考虑了时空场景和行为场景以后，如果一个学习项目要给新员工推送 5 分钟左右的视频课，什么时候推送比较合适的呢？我想，很多企业可能会选择早上 8 点或晚上 6 点左右，学员在上班下班路上，新员工大部分都是公交出行，这个时间点恰好在公交车或地铁上，正是埋头刷手机的时候。如果是给管理人员推送 5 分钟左右的课程，或许早上 7 点左右、中午 12 点到 13 点，或晚上 8 点以后更合适。

学习资源设计

当我们搭建好项目的学习环境，沿着四步五维模型往上，就到了铺陈学习资源和内容部分了。这个阶段，我们要定义需要准备和输入的内容资源，以及过程中可能输出的内容资源；同时也要定义输入的节奏频次和手段，或是输出的形式和手段等。

项目中的学习资源可以是项目本身的内容、学员产出的内容以及学员在过程中从外部获取的内容等，电子标准课、微课、直播课、录播课、静态图文、音频等都是常见的输入形式。但数字化学习体系中，资源的形式多种多样，远不止这些，比如来自企业内部其他知识库和群组中的资料，来自外部网站的多媒体和词条信息，来自公众平台的推文，各种试题试卷，用于练习转化的辅助素材等。开启数字化学习形态后，企业的知识资源更为丰富和多元化了，有颗粒度大的内容，也有颗粒度小的内容。大颗粒度的内容一般是通过企业内部的正式研发方式产生的，大部分以企业内部定制和采购为主，适合用来做体系化的知识建构；而颗粒度较小的内容，大部分是通过非正式的方式产生的，以员工创造和贡献为主，更适合即学即用，尤其是快速解决工作中的痛点和难点。因此，学员输出的内容，在没有经过官方二次加工之前，可以作为非正式的学习内容导入项目的学习资源池，提供大家分享交流学习。

很多时候，学员自行创造和生产的非正式的学习内容，用好了会产生意想不到的效果。从很多项目经验来看，学员分享的引流效果经常会好于培训师讲授，尤其是一些周期较长师资较为单一的项目，当学员对培训师产生了审美疲劳，流量和活跃度就没有那么明显了。但是，同样的内容如果让学员代表来讲，经常会刷起流量高峰，且话题的讨论度也会节节攀升。

因此，我们千万不能忽略项目中非正式内容的输入，把学习资源的创造和展示舞台交给学员，在数字化学习项目的设计和推动中是非常重要的一环。我们可以尝试以下做法：

- 在项目中安排一些可视化的作业或者练习，让学员完成后晒出来，让更多人点赞、转发甚至评价；

- 在作业或者其它形式的成果中，选择优秀作品，让学员自己来分享，并邀请项目之外的更多人来观摩；
- 按小组轮流创作与展示，并进行 PK。

学习者设计

项目的与"人"有关的要素设计中，学习者是设计核心。"学习者设计"是围绕学员在数字化学习项目里的分类、偏好、关系形态和所需支持等进行设计。

数字化学习项目中，学习者之间的关系比面授更加多样化。除独立学习、合作学习以外，可能还有竞争式学习、淘汰式学习等。小组的产生，可能是指派的、随机的，也可能通过线上社交方式自由组队。在同一个项目里，前一个阶段和后一个阶段的合作模式和竞争模式都可以不一样。随着学习者组织形式和关系的不同，项目的管理模式也会相应发生变化。比如任务提醒的频率、助教的支持方式等；再比如是让学员自己管自己，或是由运营者直接管理到学员个人，或是运营者管理到小组而小组内部自我管理等。一个项目中，学员的管理模式可能是随着学员的关系模式变化动态调整的。而学员能够实现自我管理的前提，是项目的要求与规则非常明确。

另外，根据研究，我们发现不同年龄层次的学习者，在培训需求、学习方式以及对数字化学习的接受程度方面，有着较大差异。因为大家的成长环境不一样，接触互联网和数字化信息技术的时间不一样，每个人对网络化数字化学习的适应度以及偏好等都有明显不同。比如 80 和 90 后甚至 95 后，他们是目前大部分企业数字化学习项目目标对象的主流受众，这个年龄层次的人群对于学习模式的需求偏向以网络协作为主，因此，一定要在项目中给予学员彼此合作的机会，例如小组共学模式，或者协作共创产出成果。

除了学习模式倾向不同，不同学习群体对学习反馈和支持的偏好也是有差异的。大部分新员工喜欢以交流协作的方式解决问题，一旦在学习中遇到障碍，他们需要非常及时的帮助或反馈，如果我们无法立刻提供帮助，他们就自己去互联网或其他平台上寻找答案了，后面再有问题，可能也不太愿意再回到项目中寻找支援。

众所周知，数字化学习项目中，学员很多时候以独立学习为主，在身边没有教辅人员和同伴的学习情境中中，一旦遇到困难，一个友好而有力的学习支持服务体系就显得特别重要！因此，项目设计时必须考虑构建一个简单但敏捷的学习支持服务体系。我们可以在准备阶段的学习者支持设计中，定义学员的支持响应方式主要通过电话还是邮件，是微信还是钉钉；班主任或助教的工作时间是怎样的，是 5×8 小时或是 7×6 小时；问题答疑人员和答疑时间又是怎样安排的，是即时答疑、每晚 1 小时答疑，还是隔天答疑一次；学习提醒机制又是怎样的，是先提醒后分发任务，还是先分发任务后提醒……

教辅者设计

项目的教辅者，包括项目中不同内容板块的导师、教练和辅导人员、甚至还有一部分与教学相关的运营人员。这一部分的设计比较简单，主要是定义每一个角色以及他们需要提供的任务，同时明确每个任务需要他们承担怎样的职责，达到怎样的标准，可能是授课、辅导、教练，也可能是跟踪、反馈、评审。最后，还要让相关人员清楚地知道什么时候进入和撤出任务。教辅人员在不同阶段的任务是设计要点，而这些任务一定是是围绕学员的"学—练—达"任务设计的，因为教辅任务设计的目的就是让学员学得更好、练得更扎实、转化更顺利，从而实现不同模块和能力的目标。因此这里要强调的是：学员有练习任务，必须配备教辅答疑辅导；学员有输出成果，必须配备教辅评审检验。

关于教辅人员的设计本质上跟面授项目中的教辅人员设计差别不大。但是在人员的选择上，建议选择对平台和工具操作有基础，能适应数字化网络化教学辅导的人员担任教辅角色，这样教学效果更好。

项目的数据跟踪与评估

第五章中，我们曾对数字化学习的评估策略做了简要说明，并把平台运营的评估和学习项目的评估进行了区分。对于数字化学习项目，我们进一步区别了阶段性评估和综合结果评估，也列举了一些可以参考的方法和手段，如柯氏四级评估模型、CIPP 评估模型和成功案例法等。

CIPP 评估模型，即"决策导向或改良导向评价模式"，它是由美国教育评价专家斯塔弗尔比姆提出的。这种模式应能提供整体的、全面的信息，帮助方案目标的确定、研究计划的修订、方案的实施以及方案实施结果的评价等。

其中第一个 C（Context）是背景评价，可以理解为运营背景、学习对象的需求、业务发展的问题等，背景评价强调根据学习对象的需要对运营方案做出判断，看两者是否一致。

第二个 I（Input）是输入评价，主要是为了帮助决策者选择达到数字化运营目标的最佳手段，而对方案中安排的各项任务进行评价。

第三个 P（Process）是过程评价，主要是通过描述实际过程来确定方案本身或运营过程中存在的问题，从而为决策者提供如何修正运营方案的有效信息。

第四个 P（Product）是成果评价，就是数字化学习运营的成果，需要收集和结果有关的各种信息数据，把他们与运营目标以及背景、输入和过程联系起来，并对它们的价值和优点做出解释。

在 CIPP 评价的运用中，我们可以根据需要选用不同的评价策略，可以实施一种评价，也可以实施几种评价。这完全取决于评价听取人的需要，所以它是一种十分灵活的评价方法。

成功案例法是通过学习者抽样案例的学习和转化效果，来评价项目的有效性。也就是说，我们要在参与项目的学习者中选取样本，跟踪他们的学习成果，以此来证明项目"成功"还是"不成功"。这是一种可执行度较高的评估方式，在实际操作中，注意以下四点，一般可以取得比较有说服力的评价结果。

- 样本覆盖度；
- 样本均衡性；
- 调查问题设计科学性；
- 信息追踪获取精准性。

下面我们通过一个成功案例法的评价应用案例，纵观一下整个操作过程。

📋 案例

某家具公司运用成功案例法进行数字化学习项目效果评估

某个家具制造企业的主营业务是面向零售客户销售家具，家具的售后安装、调试和维修保养等有专门的客服团队对接。为了提高客服团队的接单和业务处理质量，提高效率，降低投诉率，这家公司策划实施了一期客服人员能力提升项目。项目结束后，他们使用了成功案例法进行项目成果评价。

第一步，选取样本。他们在所有 200 多个参加培训的人员中抽样选择了 35 位代表，样本平均覆盖男性女性、不同服务地域、不同业务体量的分公司、已婚未婚、20~45 岁不同年龄段、入职时间半年到五年不同年限分段等。注意，样本一定要达到一定数量且实现平均覆盖，才能使得结果更加客观且具有说服力。对于成功案例法的样本覆盖率而言，如果参训总人数比较少，样本数量占比建议高一些；如果参训总人数非常多，样本占比可以略少一些。一般而言，样本占比越高数据越客观，但是在精力有限的前提下，确保样本的均衡和覆盖率，15%~20% 的样本基本是可以的，如果人数较少低于 50 人，则建议把覆盖率提高到 25%~30%。

第二步，问卷调研。这家公司使用数字化问卷，对样本进行针对性调研，结合项目目标和内容等设计了一系列问题，比如项目提供的内容和练习是否有帮助？哪些内容训中或训后立刻被使用？哪些新技能是使用频次最高的，为什么？近期绩效或客户评价是否有所提升，提升了多少？还有学习过程中的感受，训后实践中的体会等等。

第三步，调研跟进。问卷调研结果回收后，针对学员在问卷中反馈的一些特殊情况，选择性地进行深入电话或网络沟通，比如对于没有在工作中使用新的知识技能的原因、应用后效果不明显的表现等；同时，还联系部分学员上级领导和服务的客户等，深入跟进应用和转化情况，了解学员近期工作表现变化。

第四步，汇总信息。该企业将调研分析所得的综合数据与跟进的典型问题均反映到报告中，以综合评价数据为主，同时分深入析典型问题产生的原因。数据显示，35 个样本中，超过 30 个学员认为学习项目对他们是有帮助的，甚至提升了工作效率和绩效，最后认定项目是成功的。反之，如果大多数都认为项目对他们的工作提升没有明显作用，则项目就不成功。

从这个案例中可以看出，成功案例法的可执行程度还是比较高的，但是对样本选择和问卷信息收集分析的要求也非常高。

总而言之，任何评估都有它的优势，但操作的过程和方法不同。多掌握一种方法，未来进行数字化学习项目效果评估时，灵活选择操作的空间更大。

这里，我们继续根据数字化学习的数据跟踪需要，从整个学习项目的运营效益角度，探讨几类与项目运营有关的数据指标的设定与和意义。

关于学习项目的运营指标设置，一般可以基于项目整体目标和运营团队关注点去设置，是更关注任务的参与度、还是任务的完成度、还是项目的影响力等，提前设置不同的指标，才能在必要的时候获取相应数据。

常见的项目运营评估指标有四类，分别是流量性指标，留存性指标，任务性指标和外拓性指标（如表 6-6 所示）。

表 6-6 常见数字化学习项目运营评估指标

流量性指标	留存度指标	任务性指标	外拓性指标
・访问量 ・活跃度 ・参与率 ・覆盖率 ・峰值人数 ……	・学习时长 ・练习时长 ・学习次数 ・练习次数 ・回访率 ……	・任务开启率 ・任务完成率 ・任务达标率 ・内容生成速度 ・内容生成量 ・内容达标率 ……	・阅读量/浏览量 ・转发量/推荐量 ・点赞量 ・引用量 ……
评估项目综合活跃度	评估学习任务设计质量	评估项目运营力度与质量	评估项目影响力

流量性指标，一般跟踪任务内容的点击量、访问量、社群活跃度，项目内部的内容转发和分享量，还有打卡任务的打卡率，学习项目对于目标人群

199

的覆盖率等。流量性指标一般用来评估项目本身的活跃度或吸引力。

留存性指标，一般跟踪的是学员在课程或者其它形式的学习活动中停留的时间或频率等数据。比如当学员进入某课程或练习任务后，学员的停留访问和参与时间、练习频次、互动参与次数等，甚至还可以包括重复学习和练习的回看回访数据，这些都属于留存性指标。留存性指标一般用来评估项目中的内容或者活动质量，体现了内容或相关活动对目标对象的持续吸引力。

任务性指标，一般跟踪的是项目设计实施的学习任务，其开启和参与完成的情况。比如各项任务的推送数据，推送后的学员开启和完成数据，任务操作的达标情况等。如果是内容建设项目，或者需要学员输出成果的任务，内容生成的速度、质量、可复用率都可以是任务性指标。这些任务在数字化学习项目中，它可能是课程学习，可能是参与线上研讨共创，可能是参加某项练习或测试，也可能是实践任务等。任务性指标一般可用来评估项目团队的运营力度与质量。

外拓性指标，一般跟踪项目相关信息和成果面向项目外部甚至企业外部的传播拓展信息。我们前面说过，数字化学习项目有其特有的项目生态，这个生态并不一定只局限于企业内部学习平台，甚至不一定只限于企业内部，可以通过互联网打造开放型的项目生态，使项目成果和影响力往外拓展。比如项目中学员产出的内容、共创的方案、设计的工具、输出的方案、实践成果等，是否有可能让更多人看到，这些都可以作为外拓性指标。外拓性指标评估考量的，是项目的影响力。

上述体现运营效益的指标，可以按需定义人均数据，或是整个学习群体的总体数据。这些数据不仅能体现项目本身的运营效益，也能为项目复盘提供依据，也为未来相似项目的设计和运营提供参考。

数字化学习项目运营要点

项目体验运营"三套路"

四步五维房子模型的"房顶"是项目的学习体验设计,可以说是整个学习项目的吸引力来源,它需要贯穿项目的全过程。良好的学习体验可以把学习者牢牢地"黏"在项目中,而良好的学习体验则来自有效的运营。这部分是很多数字化学习运营人员共同的难点,我们用一个独立的小节进行探讨和说明。

特雷尔·贝尔(Terrel Bell)曾说过:关于教育,有三点需要牢记:第一点是激励;第二点是激励;第三点还是激励。

数字化学习项目的体验设计,不妨理解成是激励学员持续参与持续投入的"激励法"。企业内部的学习项目中,经过大量实践证明,有三种激励方法是行之有效的,我将这三种方法称为信念激励法、行为激励法和社交激励法,也就是项目体验运营"三套路"。

第一种方法叫"信念激励法",主要是通过明确项目的目标和期望去激励学习者,让学员更加清晰地认识项目对他们的意义价值,建立学习动机,保持对项目的积极性。

信念激励可以来自我们给这个项目注入的统一基调,也可以理解为项目风格或氛围。一个项目的基调能帮助学员更好地理解项目。比如说,面向一些企业产品设计者或工程师群体，专业稳重的项目氛围会让他们觉得很适应；而对于一些外向活泼的人群，如新员工、销售经理、客服经理之类的，项目风格与氛围可以设计得轻松有趣一些。项目基调决定着我们希望带给学员的参与感。

如果在项目基调基础上再往前走一步，我们还可以对项目进行"概念包装"，比如用"王者荣耀"的游戏概念来包装项目，打造游戏感的数字化学习体验，用游戏中的关卡名称给项目不同学习阶段命名，游戏人物的段位名称包装学员的身份称号等。企业中常用"雏鹰计划""远航计划""启航计划""腾飞计划"等命名学习项目，就属于概念包装。一个学习项目使用什么概念包装，将对项目的流程、口号、宣传预热方式、可视化呈现、学习任务组合方式甚至运营激励模式产生相应的影响。举个例子，如果项目包装成闯关寻宝概念，学员和学员之间可能有竞争关系；如果包装成武侠修炼的概念，学员可能更偏向独立学习模式。

而从运营的角度来说，小到海报设计，大到各种仪式与活动，都需要考虑预先设定的基调和概念。因为这些认知上的体验在同一个项目中应当是统一并且贯穿全程的。所以一开始就要全盘设计，千万不能半途而废。同时也不能拍脑袋决定，考虑学员的兴趣和偏好，也要考虑项目运营人员的能力和压力。

"信念激励法"的第二个运营方向，是强调项目的收益和承诺。面向学员，我们一般更多地强调学习项目对他个人的价值。比如说，对个人的岗位胜任能力的帮助，对于个人未来职业发展的影响，或者当企业面临转型期的时候，这个项目可以怎样帮助他们适应变革等。这些都可以在项目前期的预热和开营仪式上，通过多种手法巩固学员的认知。有时候，我们甚至可以让学员在项目前期进行自我承诺，比如"我将会在完成本项目每项学习任务，达到怎样的目标，输出怎样的成果等"。通俗一点说，就是让学员们立下"军令状"

并"签字画押",达到心理暗示的效果。一旦我们使用了让学员"自我承诺"的方式,无论是个人还是小组承诺,接下来都有很重要的一步——公示。我们可以把每个人或每个组的承诺内容收集起来,简单整理加工后进行展示,展示的范围可以视项目干系人和影响力需要而定,让更多人看到,是彼此监督也能赢得关注,甚至可以让公司领导或学员的直接领导看到。这样,承诺才能转化为压力和动力。需要注意的是,作为运营人员,我们还要在项目的不同阶段给予学员必要的提醒,让学员对于项目进度了然于胸,对于自身已经收获了什么、下一步该做什么清楚明了,在我们的提醒和推动下一步一步达成目标。

周期较长的数字化学习项目,时间久了学员的兴趣降低,容易失去学习动力,光有信念激励可能还不够,这就需要第二种方法——行为激励法发挥作用了。行为激励法,我也把它称作"胡大脚激励法"。"胡大脚"可不是一个人,是"胡萝卜+大棒+脚印"多种行为激励方式的统称,但都与学员的学习行为获得相关激励有关。"胡萝卜"和"大棒",大家很容易理解,一个是正向激励形成的吸引力,比如学习积分兑换奖品、明星学员表彰等都是"胡萝卜";另一个是负向激励带来的压力,测试、PK制、淘汰制等都属于"大棒"。而"脚印"则是数字化学习项目独有的轨迹或者痕迹,无论项目周期多长,我们要尽量让学员"学过留痕",项目行进地图、各个阶段的成果标志、学习里程碑、积分榜等都是"脚印",这些学习痕迹如果随时随地能看到和体验到,会让学员产生强烈的成就感和使命感。有些学员即使产生了一定的懈怠情绪,为了维持已有的成绩,或取得最终项目成果,仍然能继续坚持下去。

说一个我亲身经历的项目,我曾作为导师参与某个为期45天的数字化学习训练营,学员是来自不同行业企业的培训主管。这个训练营最后有一个行业资格考试,但是要求学习者必须全过程修满1500分钟学时,才能获得准考资格。学员们的工作都非常忙，经常由于工学矛盾无法参与线上直播和辅导，只能通过回看的方式补修。30天过去的时候，只有40%的学员跟上了项目各项任务的计划节奏。临近考试资格申报前7天开始，助教老师每天定时在社群发放大家的学时排行榜，标红已经达标的学员，标黄很快就要达标的学员，标蓝需要努力的学员，榜单里同步显示未达标者还差多少分钟，鼓励大家冲刺加油。最后7天的数据显示，学员们突然加快了学习步伐，课程回看率和题库练习率大幅提高。最后，超过90%的学员都获得了考试资格。这就是"脚印"的力量。

数字化学习中，"胡大脚"的行为激励策略有很多，表6-7列出了部分常见方式，项目运营中可以灵活使用。

表6-7 行为激励法/"胡大脚"激励法参考策略

胡萝卜	大棒	脚印
·集赞/推荐	·签到	·徽章墙
·积分兑换	·打卡	·图案收集
·明星学员评选	·测试	·前进地图
·成果展示	·过关式学习	·里程碑标记
·彩蛋/盲盒	·进度提醒	·晋级计划
·喜报	·行动检查	·积分榜
·领导寄语	·淘汰/候补/复活	·学时榜
·活动奖励	·团战PK	……
·阶段性奖励	……	
·结业证书/奖励		
……		

表格中展示了诸多可以参考的行为激励方法，可以一次性把它们全部使用到一个项目中吗？答案是不能！过多的行为激励策略放在同一个项目中执行，会让学员觉得无所适从，不清楚该朝哪个方向努力，迷失在很多复杂但又与学习结果无关的追求中。另外，大部分企业运营学习项目的人员配置并

不高，运营计划过于复杂，运营人员恐怕精力也跟不上。适合的就是最好的，时时回望项目的需求和目标，根据项目的时间周期、重要等级、学习对象的偏好等，选择合适的激励手段即可。

作为数字化学习项目的运营人员，一定要了解和运用杠杆原理。杠杆原理指的是在一个项目中，把一项运营点做扎实做好，就能取得非常不错的成效，也就是说，我们可以用一个支点撬动整个项目的体验感。

举个例子，很多企业的学习项目经常加入积分元素，通过全过程的积分累计和最后的积分兑换机制，推动学员为获得积分而完成各项学习任务，输出成果。那我们就以积分作为支点，打造服务项目的激励体系。包括：

- 积分体系的设计：除了给不同重要级别任务的参与和完成赋予不同的分值以外，引导学员发言、分享、交流，鼓励学员产出成果，促进学员互帮互助，加速学员完成任务等，我们都可以赋予不同的分值。

- 积分展示的设计：包括展示哪些数据、在哪里展示、用什么形式展示、多久展示一次、展示信息的接收对象除了学员还有谁（比如学员的领导、同事等）、积分信息的宣传手段等。

- 积分应用的设计：积分是作为评选优秀的依据，还是一定分值可以兑换物品、换取特权、身份升级或得到其它奖励，是随时可以兑换，分阶段兑换，还是项目结束统一兑换。

- 积分关联的设计：积分是各个阶段单独累计，还是全项目整体累计，是否有清零机制，是否有翻倍机制，是否有跟其它项目的连通互换机制等。

当以上以积分为核心的激励体系设计完成后，项目实施时，紧紧围绕积分体系释放各项推动激励措施就可以了。相比同时多种激励手法并行，这样的集中激励方法重点更突出，学员目标更清晰，运营成本相对更低，操作也更省力。

最后谈一谈学习体验设计的第三个方法，称为"社交激励法"。一个学习项目留给人们最深刻的印象，它往往不是来自内容或者任务层面的，很可能来自参与者当时的情绪感受，这种体验跟学员在项目群体中的交流活动或社交氛围有一定联系。

也许你也有这样的体会，参加了一个学习项目，可能大家在培训过程中很辛苦，但大家夜以继日共同相处，共同思考深度协作，享受在群体中贡献个人智慧的成就感；有的项目甚至交流到深夜，同学买夜宵零食一起吃，吃完继续讨论；有的项目晚上方案写累了一起出去跑步……很多年过去了，再想起来依然热血沸腾记忆犹新。这些难忘的体验，背后都是人与人的深度交流所产生的情感记忆在发挥作用。

因此，我们可以在项目中适度加入一些与当时的社会热点、节假日有关的小活动，或者基于项目过程中发生的特殊事件等创造情感印象。对于一些比较资深的骨干员工、管理者、某一领域的专家等，他们本身知识和经验储备量足够，更加期待能与同等水平的学习伙伴深度交流。从中获取更多先进实用的经验方法，如果我们能在项目中打造一个深度交流的空间，则是这个群体特别看重的社交化学习活动。

社交激励法可以体现在直播间或社群等彼此能够互动的空间，甚至可以直接将其跟社群运营整合设计。

项目整体运营"组合拳"

项目的体验运营并不是整个项目运营的全部，如果我们把项目中的内容管理、任务跟踪、过程管控、人员管理、社群运营等全部考虑进去，分布于项目四步流程的不同时期，可以形成一套数字化学习项目运营的"组合拳"。

在这套组合拳中,我们简单把所有的运营工作分成四条支线,分别是内容运营、学习者运营、教辅者运营、体验运营和社群运营。

表 6-8 提供了项目不同阶段不同支线的运营重点参考。

表 6-8 数字化学习项目不同阶段运营组合拳

	准备	输入 & 转化	收尾
内容运营	·内容获取与准备 ·预读资料推送	·输入内容管理(推送/分发/讲授) ·输出内容管理(收集/整理/应用)	·输出内容推广
学习者运营	·动员招募 ·学员分组 ·组织前测	·任务进度跟踪 ·课程现场管理 ·学习转化支持	·学习档案整理 ·综合成绩反馈
教辅者运营	·教辅人员指派	·教辅任务跟踪 ·教辅任务质量管控	·教辅档案整理 ·教辅成果反馈
体验运营	·基调概念植入 ·宣传预热 ·启动仪式	·项目氛围 ·阶段成果展示 ·学员展示 ·行为激励(胡大脚)	·结束仪式 ·优秀表彰 ·最终成果宣传
社群运营	·社群组建 ·角色分配 ·规则制订 ·任务规划	·社群任务运营 ·社群氛围运营 ·内容成果加工应用	·社群后运营
综合目标	精彩开局	持续维系	高峰收尾

从"组合拳"中可以看到,四条支线与四步五维模型中的内容资源、学习者和教辅人员设计相关的运营内容已经一并呈现,再结合体验运营,在项目的准备、输入、转化和收尾等不同阶段呈现出不同的运营重点。

准备阶段,我们的运营目标是**精彩开局**,争取一炮打响。美国心理学家洛钦斯提出的首因效应同样适用于数字化学习项目的开局。首因效应是指个体在社会认知过程中,通过第一印象最先输入的信息对客体以后的认知产生的影响作用。俗话说得好,好的开始是成功的一半,大部分学习项目在预热准备阶段，由于新鲜感的存在，学员无论是情绪还是积极性都处在相对比较高的水平。我们可以借此机会营造良好的项目氛围，强化学员对项目的认知和兴趣度，同时提升项目在企业中的影响力。

实施和转化阶段侧重于 持续维系，通过多样化的运营，维持项目较为长期的活跃度，确保各项学习任务的完成度，"胡大脚"激励法的运用将在这个阶段发挥重要作用。尤其在项目中部分关键任务时刻，必须用运营确保这些特别重要、对项目结果有关键影响的学习活动的参与率和完成率。同时我们还要知道，一个时间较长的项目，学员不可能从头到尾一直保持高涨的热情，还要注意时时监控课堂或社群中学员的积极性和情绪，观察各项进度数据。如果学员兴趣和学习热情高涨，各项进度数据正常，运营力度可适当降低，减轻运营压力和成本。一旦发现学员普遍兴趣降低、学习进度滞后时，加入适当的运营措施，效果更为明显。

诸多项目收尾阶段的运营经验一再显示，体验感非常好的项目结束仪式，能够弥补项目过程中的诸多瑕疵，且给参与者留下深刻而长久的印象。因此，收尾阶段的运营目标在于"高峰收尾"，打造记忆的高峰，学习体验的高峰。同时，相关的内容和培训档案整理，在评估数据基础上面向学员和教辅人员的反馈，部分成果的宣传推广等都是收尾阶段的重要工作，此外，还要视具体情况对项目配套社群的后运营给出方案或移交相关权限。这样，我们才算是给项目画上了一个完美的句号。

再次提醒各位项目运营者，项目过程中的关键任务以及项目结束仪式的运营尤为重要，"如果在一段体验的高峰和结尾，体验是愉悦的，那么对整个体验的感受就是愉悦的。"——心理学家丹尼尔·卡纳曼（Daniel Kahneman）提出的峰终定律用在需要长时间持续运营的数字化学习项目中再适合不过。

项目社群运营"五个家"

社群运营一直都是数字化学习项目运营中很多人的疑惑点，项目社群并不只是数字化学习项目的配置，企业中很多面授培训也都会配备一个社群。无论是为哪个项目设计和服务，关于学习社群，我们必须扪心自问三个问题：

第一，社群是学习项目的标配吗？（确实有必要吗？）

第二，这个学习项目为什么需要社群？（目的是什么？）

第三，如果你是这个项目的学员，你需要一个怎样的社群？（定位是什么？）

这三个问题在不同的项目中可能有不同的答案，在不同的项目设计者心里也可能会有不同的思考。

就我们现阶段所了解的大部分企业为学习项目配置社群，主要还是为了解决信息交流的问题，通过社群发布各种通知，进行学习提醒，还有很大比重的项目通过社群下发各种学习资料。但是社群只能起到这些作用吗？其实不管是从学员的角度，还是项目运营者角度，都希望社群能够发挥更多的作用，比如说成为维系学员之间情感关系的纽带，成为学员分享交流的园地，成为汇聚项目有关内容的载体，成为帮助学员解决学习和转化中疑难问题的援助窗口，成为开展各种有益有趣学习活动的平台等。

无论我们希望社群发挥什么作用，都要在设计项目的时候初步确定配套社群的目标和定位。来，伸出一只手，五个手指分别指向"五个家"，也就是项目社群可以发挥的五项作用（如表6-9所示）。

如果运营成本和资源有限，在分析项目目标和学员诉求的前提下，一个项目的社群聚焦一种或两种核心定位即可。这样，社群的任务设计更有针对性，运营团队目标更清晰，对学员的帮助也更明确。

表 6-9　项目社群运营的五种定位与作用

	作用	运营重点
情感之家	维系学员关系，强化项目氛围	倡导交流互动，达成情感认同
领袖之家	发挥学员能力，积累学员内容	聚集意见领袖，培育种子学员
内容之家	补充学习内容，促进转化输出	坚持提供干货，精准内容推送
活动之家	丰富学习形式，激活社交学习	定期活动组织，培养用户习惯
支持之家	解决学员问题，推动项目进程	着力学习支援，及时支持反馈

如果社群的定位是"情感之家"，那就需要倡导群内的温馨交流和基于情感的互动，认可学员在企业和项目中的身份、责任和作用，给予学员心理层面的理解和支持，让学员感觉到来自这个学习群体的关怀和温暖，从内心深处产生项目的融入感和认同感，尤其是共同参与项目的学员，在彼此之间的情感沟通和交流达到较深层次后，大家对于项目中的各项学习任务和互动交流将展示出更加积极的一面。

比如国内某家汽车制造企业，开展了一个新干部培养的数字化学习项目，该项目配套社群的初期运营定位就属于"情感之家"，通过在社群中组织表达对企业和家人的感恩等一系列活动，深化了这一批基层新干部自我身份认同和责任意识，唤醒新干部们强烈的使命感，并对项目内容中关于"新干部"能力提升培养的过程产生更高的期待。同时，社群运营者也经常发起一些工作难点的讨论话题，在大家表达的观点中寻找共性问题，为后继学习内容调整优化指明方向。不仅如此，运营者还把大家在社群中基于身份情感、责任义务等观点内容整合加工，形成汇报资料和公众号图文等形式，提交给相关部门和领导，或通过企业公众号发布，让这些受训的新干部的上级领导和家属朋友都能够看到。这种"被看到、被理解、被关注"的体验，不仅让学员之间产生共鸣，并更为团结互助，也让项目所有干系人更好地了解学员群体的意识和心态。

如果项目希望能够通过社群打造一个"领袖之家",可以跟项目前期预热和开营仪式中的学员代表、班干部、组长等选举和责任机制结合起来考虑,这些人员需要在社群中承担什么职责,我们需要下放哪些权限,授权机制是怎样的,工作任务如何分配等,提前设计好,我们才能在确保项目和社群运营目标前提下,把学员领袖的作用充分发挥出来。我们可以使用固定权限和责任设计,让不同的班委会或组长承担固定且事先设计好的任务运营工作,带动社群各项活动的开展。有时候,我们也可以使用轮值的方式,将事先设计好的主题交给当前时间段愿意在社群"值班"的学员,而活动的具体内容和形式,可以交由学员自己设计,毕竟,学员更了解学员喜欢什么需要什么。无论是哪一种,背后都应该有相应的奖励和支持手段,激发学员的积极性和创造性。我们曾经为某个企业设计过一个新员工训练营,采用的就是小组轮值社群的方式,对于运营者而言,只要把每周的社群运营主题交给轮值小组,剩下的一切无论是内容、形式、创意、活动组织时间、活动配套激励方式、引流机制等都由轮值小组共创和实施。事实证明,学员自己设计的社群活动,学员参与度更高,互动更活跃,观点更丰富。

如果项目的社群定位是"内容之家",我们就要全力在内容的收集、汇聚、加工整理、推送方面,做出特色,做活内容运营,打造一个辅助项目本身内容运营线的良性生态圈。比如说定时推送主题学习资源信息;或者萃取和展示学员的作业和练习成果;或者收集学员在课上、在社群中分享的精华内容,加工成更利于在社群展示的呈现方式等。无论是哪一种,这些内容仍然要服务于项目目标或当前学习模块的目标,不能为了推内容而推内容,否则只会起到反作用,让学员觉得推送的内容完全没有用,却频频打扰大家。怎样的内容才是有用的呢?某银行的后备干部数字化学习项目做了一个较好的示范。

📋 **案例**

某银行后备干部数字化学习项目的社群运营

这个项目的社群日常以内容推送以及组织基于推送内容的互动交流为主，他们把推送的内容分为三种类型，分别命名为"今日快讯""七嘴八舌"和"今日头条"，内容区分如下：

- 今日快讯：前一天大家完成学习任务后的心得体会打卡精选。
- 七嘴八舌：前一天大家在群里交流互动的话题精选。
- 今日头条：前一天的优秀作业成果，或学练过程中的导师答疑精选。

三类内容再每天早上上班、中午午餐、晚餐过后休息时段的固定时间点分别推送，每一类型的内容都会用固定的模板进行图文化加工，紧跟学员的学习节奏，展示大家最关心的焦点。同时，在推送内容的基础上适当组织进一步点赞和交流活动，激发更多的观点碰撞，用到下一天的内容储备，形成内容生产的良性循环。

如果项目的社群定位是"活动之家"，那么社群活动的参与度、活跃度、完成度等就是社群运营的主要指标，多元化的活动也会成为社群运营的主要形式。但是我们不能因为追求活动的形式和流量数据，忽略社群本身服务项目目标的初衷，同样要需要根据学员对象的特点、诉求和偏好设计更符合学员需求和喜好的活动。比如年轻的学员群体通常喜好互动和协作性较强的活动，而资深管理者和技术专家通常更偏好独立思考和表达类的活动。当然，活动再丰富，也不能干扰学员的正常工作和生活。数字化学习的不脱产性决定了我们对社群活动的投放时间、周期与单次时长要做出精准的判断，才可能令更多人参与进来。同时，也可以借助社群的多方互动与可视化技术特点，承载部分学习和练习任务，比如一些调研、测试、互评、辅导等学习活动，社群完全可以开展，进一步丰富项目本身的学习形式。

案例

某能源企业新任班组长培养项目配套社群的运营

国内某个能源企业组织的一个新任班组长培养项目，与项目配套的社群在活动设计方面特别用心，值得借鉴。

首先，该项目的社群虽以形式多样的活动为主要特征，但项目进行中的大部分时间，社群交流和信息推送并不频繁，而是呈现出清晰的时间与活动规律。

每周一晚8点，是"唤醒社区"活动，通常以一些互动游戏类的小活动展开，比如学习搭档你画我猜、一周时事连连看等，相当于是一周社群破冰活动。选择周一晚上8点，是因为周一白天学员工作非常忙碌，项目组希望首选确保大家的正常工作。

每周二和周四的中午12点，是15分钟的固定有奖抢答活动"午间加餐"，抢答内容则来自前一周学员学习和练习的重点，放在中午12点，是因为这个时间是学员的午间用餐时间，这个时间点学员大部分都在边吃饭边刷手机，就数字化学习情境而言，这是非常好的移动学习场景，用有奖抢答的活动占领学员刷手机的时间，同时也对前一周的学习成果做一次回顾与检测。

每周五晚上的7点，则是固定的作业结果展示点评，由导师主导。一周学习接近尾声，该完成的作业和练习都完成了，导师或教练用半个小时在社群进行一周重点内容回顾，并对大家的作业、练习、转化问题和结果等，进行不同形式的点评和反馈，甚至邀请学员分享自己的优秀作业。

除了这三个时间段之外，其他的时间都被定义为学习社群的"静止时刻"，尽量不干扰学员。但是"静止时刻"只是针对项目运营组而言，并没有禁止学员在群内发言。如果有学员恰好有问题探讨，或希望与同伴交流，同样可以在群里提问或者发起话题互动，那么这个学员会被自动认定为"当日大 boss"获得相应的积分，如果这位大 boss 能够影响更多学员加入他所发起的话题讨论且有一定成果，还能获得更多的积分，参与讨论的学员同样也有一定配额的参与分。因此，项目的学员也乐于在"静止时刻"通过一些有意义话题打破沉默，并且能达成真正有效的互动和交流。

如果项目的社群定位是"支持之家"，其运营目标一定是为学员提供快速有力的学习支持和援助，这里所说的支持除了学习内容的补充，还有工具的支持、技术手段的支持、人的支持等，甚至还可能提供企业外部资源的支持。

我曾经参与过某家汽车零部件制造企业的微课开发线上训练营，这个训练营的社群就是一个典型的以学员支持为目标的社群。训练营有多次线上课程和多次课后作业。

每次课后第一时间，助教老师会在社群中推送一个共享表格，大家在课上没有彻底听明白的知识点或方法，可以在课后2小时内填写到表格中。作为导师，我可以直接在表格中回复简单的问题，也可以回到社群就一些复杂问题再次展开统一讲解和反馈。

每次课后作业布置三天过后，助教老师会在群里通过共享表格和其他调研方式收集大家在练习和作业中的问题，分类汇总并快速发送给我。作为到导师，我则根据问题的重要性、普遍性等排序，在社群中使用文字、语音或视频的形式进行答疑。对于大家作业中反映的其他诉求，比如更多的素材和工具，以及外部参考案例的链接等，第一时间推送到社群，帮助大家快速突破作业瓶颈。

所有的问题，不管是针对课程本身还是针对作业，学员之间可以互相回答问题获得不同程度的奖励。同时，助教老师则会将学员的问题、疑惑、操作难点以及问题回复、建议等，继续整理成可以重复阅读的图文，发布在群空间，提供所有学习者随时阅读和复习。此外，项目组还鼓励学员将自己提出的问题和获取的答案整理成思考笔记在社群内打卡，获得额外奖励。这样能够确保每一次答疑都是有效答疑，学员不会为了问问题而问问题，而是真正为了解决问题在社群中寻找支持。

如果我们要把社群运营的设计做得更加精准，后期对实际运营起到良好的指导作用，甚至可以在已有的社群运营目的和定位基础上，通过社群运营日历规划对任务进行细化。

社群运营日历主要包含两大部分内容，当前目标和当日任务。当前目标可以是成果目标、效益目标或情感目标；当日运营任务可以定义社群内的内容分发、内容回收、信息发布、活动组织、讨论分享的形式、要求和规范等。表6-10是一个的社群运营日历范例，从中我们可以看到，表中有目标的定义，也有时间和任务的描述，同时也可以补充一些规范或预案等。当然，社群运营日历只是以日历的方式展示任务规划，并没有要求每天都有任务，而是根据项目属性、社群运营定位以及学员的作息时间等，合理计划任务。我们既保证社群运营能够很好的辅助项目整体目标的实现，同时也确保社群运营的精准和聚焦，不会对学员的正常学习和工作带来诸多干扰。

表 6-10　项目社群运营日历及填写范例

日期	11 月 17 日	11 月 18 日
目标	参与销售自评游戏者人数达到 30 人	课后打卡人数达到 80%
时间/任务	8:00 开灯问候，推送微图文《顶级销售的 5 个表现》； 8:10 发起自评游戏"顶级销售的 5 个表现，你具备几项？" 12:00 午间问候，再次公布游戏入口； 15:00/19:00 分两次发布实时游戏参与数据 20:00 展示游戏结果图谱； 21:00 每日销售技能 tip，熄灯问候	8:00 开灯问候，推送微课《把握 5 分钟，建立好关系》，提醒课后一句话心得打卡； 12:00 午间问候，再次提醒打卡入口； 15:00 公布已打卡名单； 19:00 私信提醒未打卡者； 20:00 打卡内容精选展示，@ 相关学员，建议朋友圈转发，转发截图回群换取积分； 21:00 每日销售技能 tip，熄灯问候
其他		给心得打卡优秀学员积分 给转发学员积分

微学习项目的设计运营要点

随着数字化学习的发展以及在企业内的广泛接受，即时性强、更轻巧的学习项目与学习活动占比越来越高。数字化学习正在不断下沉渗透到员工工作的不同场景层次，大部分学习活动都是"高频短时"的，也就是说，学习是随时随地发生的，但每次持续时间不会太长，完全跟着即时需求走。

如果我们能掌握一些轻设计轻运营的方法，或许能更好地适应新的学习模式。在数字化学习项目分类中，我们曾提到过"微学习项目"，本节就重点探讨一下微学习项目的设计运营特点。

如果要给微学习下一个定义，那就是"将大颗粒度的学习内容，解构成更加利于学习者消化吸收的小颗粒度的内容，并且以更易参与的流程和形式，通过互联网或数字信息技术，提供学习者学习的过程。"也就是说，除了内容颗粒度小，时间短，还需要让学员的参与变得简单。

既然微学习比较"轻"，所以在微学习形式为主的项目目标设定上，建议更聚焦一些，一个项目达成一条商业目标就够了。这样项目周期更短、内容更明确、管理更敏捷。

虽然微学习项目目标聚焦，内容颗粒度小，但不代表这些内容是碎片化的，内容与各项学习任务背后的设计与实施依然有其特定的逻辑，跟其他学习项目一样服务于项目目标。

微学习项目设计的三大原则

微学习项目的设计需要符合三大原则：线性顺序、逻辑机构、完整历程。

线性顺序是指微学习项目中的内容推送按线性顺序进行，每天推送一个任务，不能求多，但尽量每天都有任务。从"线形顺序"原则我们可以很容易识别出，微学习项目的任务时间规划是属于"过程流模式"的，只是任务的颗粒度小，任务频次间隔一般以天为单位。

逻辑结构是指内容推送的背后同样具有流程化、模块化的设计，使学员可以体系化建构化地参与整个过程的学习。

完整历程是指项目中的内容和学习任务安排，是学员能够完成而且必须完成的，项目也将通过特定的运营手段确保大家完成所有任务，走完完整过程。

微学习项目这三个原则，从项目设计的角度来看就是"轻目标、轻内容、轻运营"。我们来看一个例子。

某企业为期21天的新员工微学习型项目，以日历形式呈现（如图6-13所示）。在这21天里，每天的任务都很明确，而且每天只有一项任务。如果我们以周为单位来看的话，可以发现项目的活动安排非常有规律。

第六章 如何设计运营数字化学习项目

星期日	星期一	星期二	星期三	星期四	星期五	星期六
1	2	3	4	5	6	7
	•《三步加入××大家庭》（新员工入职指南）；•一周内容提前看			•线上预热•社群集结	日间运营：开营仪式•小调查《你最关心的入职问题》	
8	9	10	11	12	13	14
	早间运营和打卡：上周学习明星上墙；•一张图看懂执行业绩构；•一周内容提前看	早间打卡：•《一张图看懂企业战略》；晚间运营：公布周二调查结果	早间打卡：•《企业文化ABC》（微课+小测试）	晚间运营：今晚30分（小直播）《入职问题，你问我答》	日间运营：有奖分享（社群活动）人职印象《New Eye, New Feeling》	
15	16	17	18	19	20	21
	早间运营和打卡：上周学习明星上墙；•一张图看懂履行业绩构；•一周内容提前看	晚间运营：线上导师见面会+公司基础业务猜猜看（游戏）	早间打卡：•《我是业务小能手》（H5通关游戏式微课）	晚间运营：今晚30分（小直播）《从大学生到职场人》	早间运营：•《入职十日谈》（新人入职场小案例书写）	
22	23	24	25	26	27	28
	早间运营和打卡：上周学习明星上墙；•《沟通困惑》；•《我被领导批评了》	晚间运营：线上导师见面会：一句话说出你的沟通困惑	早间打卡：•《重要和紧急，时间管理小窍门》	晚间运营：今晚30分（小直播）《金字塔式职场表达》	日间运营：•公布上周案例收集结果•优秀案例投票	
29	30	31	1	2	3	4
	早间运营和打卡：上周学习明星上墙；•《风险防范案例》；•《风险警戒线》	晚间运营：•《风险防范案例抢答赛》	早间打卡：•《风险防范案例》一句话心得	晚间运营：今晚30分（小直播）《训练营回顾与问题答疑》	全日运营：新员工入职知识闯关竞赛	结营仪式：•优秀案例投票结果公示；•优秀表彰

图 6-13 某企业新员工 21 天学习项目日历视图

219

- 每周一、周三是固定的早间打卡日，固定在 8:30 准时推送 10 分钟左右视频微课，学习后需要打卡。

- 每周二、周四是固定的晚间直播日，白天没有学习任务，晚上 19:30 安排 20~30 分钟线上直播课，由于直播课上老师和学员可以互动，组织练习或答疑，所以直播课当天不需要打卡。

- 每周五是固定的日间运营日，一般对一周学习情况进行回顾总结，或安排与项目相关的调查投票、自由分享等活动。也可能根据项目需要布置一个相对颗粒度较大的作业，确保学员在周末有时间完成，但是作业所需时间也不会太长，控制在 40~60 分钟能够完成。

每周六和周日休息。

除了形式上的规律，这个项目的内容安排也呈现出一定的逻辑，从每天的任务主题中，我们可以看出，整个项目的的内容板块基本按照"项目启动—了解企业—了解业务—通用技能—风险管控—项目收尾"的主线设计，每天任务也比较明确。项目前后安排的任务之间还存在一定关联。比如，6 日这天的"你最关心的入职问题"小调查，将统计出新员工入职后的问题和困惑，从中收集到的信息为 12 日晚上直播《入职问题，你问我答》提供了准备依据。

微学习项目的运营方法

从上述项目中，我们看到一个微学习项目的运营，是有明显特征的。为了养成学员在项目中的学习习惯，促使学员每天坚持参与任务，我们可以把微学习型项目的运营方法归纳为"三定四微"。

三定是指微学习项目中的"定时、定式、定心"。

1. 定时：是指任务时间上的固定规律，帮助学员养成按时学习习惯。比如：

- 每日定时推送任务：每天的学习任务在固定的时间点或时间段推送。
- 每日定时缺勤提醒：对于没有完成当天任务的学员，每天在固定的时间进行提醒和关怀，帮助学员及时跟上进度。
- 每周定时计划发布：每周的学习任务和相关要求，提前让学员知晓，方便学员计划安排。
- 每周定时进度回顾：每周所有任务完成情况和完成质量，通报给项目所有干系人，一方面强化"胡大脚"中的"脚印"激励，另一方面让更多关注项目的人员了解项目进展。

2. 定式：是指任务形式上的固定规律，以及提供模板示例等标准化参照工具辅助学员快速产出。在推动学员在潜移默化中形成学习行为的同时也能降低降低学员参与学习的难度，降低项目运营的难度。比如：

- 日程任务安排，呈现固定模式：就像新员工 21 天项目案例中显示的，一周任务呈现出一定的模式规律，使学员对每天的学习安排心中有数，也更容易养成习惯。
- 同类学习内容，使用相似形式：对于同类别的学习内容，如果任务形式比较相似，学员的适应度更高。比如知识信息的理解，都采用"微课 + 小测"，形成一定规律。
- 学员作业练习，提供模板案例：既然需要学员当日事当日毕，就一定要采用各种手段推动他们快速完成相应任务，包括作业与实践练习等。如果我们能在布置作业练习的时候，把对应的模板和完成示例一并提供，让学员"依葫芦画瓢"，一定程度能提高任务完成效率和质量。

● 打卡留言分享，提供参考格式：如果我们需要学员在课程学习后打卡、留言，或者通过社群或其它方式分享实践成果等，可以给出一些标准参照格式，引导学员按照一定的要求完成，这样更容易输出我们想要获得的信息。

3. 定心：指的是管理和维护上的手段，让学员清楚地感知学习的付出与对应回报，树立清晰目标，并为目标坚持下去。因为微学习项目对学员全过程任务参与的按时性要求更高，所以我们需要使用一切手段确保学员的参与率和完成率。比如：

● 先期承诺公开展示：这里的承诺可以是语言、文字、视频或其他形式的承诺。国内某个企业甚至让学员报名参加某高端项目时预先支付"学习储备金"，也就是押金，学完一个阶段返还一部分，全部学完全部返还，否则将充公用于项目内其他学员的降临，这也算是一种"承诺"的形式。

● 阶段成绩即刻承兑：从互联网学习的"即时激励"原则出发，微学习项目更加强调学员学习行为和成果的即时回报。这时，"胡大脚"激励法中的"胡萝卜"就要发挥作用了。

● 疑惑练习即时支持：一旦学员学习练习中出现任何障碍，需要有相应的手段快速排解，否则可能影响当天任务的完成。因此，项目知识答疑系统、练习辅导专家团队等要预先准备和组织起来。

● 最终成绩有证可依：当学员到达项目终点，完成所有任务，我们承诺的回报如果是可视化的将更有力量，比如证书、徽章、纪念品等。

四微是指微学习项目中的"微内容、微作业、微核验、微互动"。

1. 微内容：就是前面所说项目中需要提供学员学习的小颗粒度内容。

到底多小的颗粒度才能称为微内容呢？不同的企业不同的行业，对于微内容的标准有一些差异。有些企业认为只要是 30 分钟之内的内容都可以称为微内容，有些企业认为 5 到 10 分钟比较合适。甚至有些企业工作节奏非常快，员工只能利用极度碎片化的时间学习，所以希望单个内容或任务能够小于 3 分钟。所以，每个企业可以根据不同的对象、不同的需求开发和准备内容资源。从内容的形式上来说，微课、微视频、微案例、微文章、微直播等，都属于微学习项目中可以使用的微内容。

2. 微作业：微学习项目中，提供学员思考训练和巩固的小型练习或作业。

在微学习项目中，虽然学习内容的颗粒度变小了，但是"学—练—达"的设计思维是保持不变的，各种练习和作业仍然需要。哪怕是写一句心得打一个卡，也是一个小作业。但是微学习项目中一般不主张布置复杂度特别高的单项作业，一般建议单次作业通过简单的操作，5~15 分钟能完成最佳，工作日的话，最长尽量不超过 20 分钟能够完成。一周最多一次大作业，一小时之内能够完成。

为确保"今日事今日毕"，工作日也不主张设计需要多人协同的作业，学员个人当天就可以完成是最好的。否则很可能因为协作人员之间的作息时间无法同步，导致当天任务无法完成。

3. 微核验：微学习项目中，用于检验学员学习成果的测试或实践任务。

项目的"学—练—达"链路中，"学"和"练"有了，"达"的部分也不能少，这就是微学习项目中的微核验。微学习项目中的核验也要尽量轻，比如使用测试手段来检验的话，测试题量要少而精，覆盖重点即可，一般来说以客观题为主，主观题因为需要人工介入，反馈时间会延长，如果必须用到主观题，那我们一定要快速批改并反馈给学员。

4. 微互动：微学习项目中的简单短时互动。

虽然微学习主张学员以个人身份为主参与到项目中，但不代表完全没有互动。数字化学习中，社交是非常重要的因素。微学习中的互动可以体现在分享成果，传播项目影响力以及一些本身带有互动性质的学习活动上，比如，社群作业打卡后的转发与评论、线上的调研投票、微课题研讨、20分钟左右的迷你直播等，都是一些比较常用的互动形式。

对于微学习项目而言，日历视图是比较直观的设计工具，可参照如图 6-14 所示的模板。日历图最顶上，可以标注项目前期准备的注意事项，在日历中规划每天的任务，还可以加入适当的补充说明，比如要做到什么程度，重点关注什么？

模块内容之间的逻辑呈现，可以在模块设计行展开说明。另外，如果我们对项目有一些额外的通用性的说明，可以放在日历视图的最下面（如图 6-14 所示）。

有时候，一个数字化学习项目并不一定完全设计为微学习项目，我们也可以把一个长周期项目中的某个模块或某个时间段设计成微学习模式，调节学习节奏，使得项目的体验更为多样化。

第六章
如何设计运营数字化学习项目

前期准备事项：							
	Day1	Day2	Day3	Day4	Day5	Day6	Day7
模块说明							
每日任务							
补充说明							
	Day8	Day9	Day10	Day11	Day12	Day13	Day14
模块说明							
每日任务							
补充说明							
	Day15	Day16	Day17	Day18	Day19	Day20	Day21
模块说明							
每日任务							
补充说明							
其他说明：							

图 6-14 微学习项目的日历视图模板

225

写在最后

本书收尾阶段，正是 2023 年初，经历了三年疫情，数字化咨询、授课和辅导已经成为我的主要工作模式，使我得以更加广泛深入地接触各种数字化学习平台和工具。与此同时，我陪伴家人的时间也多了很多，我对小朋友参与的各种网课很感兴趣。

说实话，我可太喜欢陪女儿一起上网课了，参与她的课程，那些活泼有趣的画面与形式，灵活的呈现布局与参数设定，好玩的多样化互动工具，智能的语音图像识别与反馈，甚至老师们随时变化的虚拟装扮和授课话术，都让我和女儿欲罢不能。我陪着她一边学习，一边练习，一边 PK，一边团战，一会儿开怀大笑，一会儿激动紧张。有时候，女儿还会因为错过课程，或错过某个 PK 活动没有拿到金币失望落泪。而这些，是我在企业培训中不曾见到的。

本书即将定稿的这几天，ChatGPT 技术已然成为新的技术和社会热点。回望我多年前关注并令我惊讶的 Gilso 机器人，人工智能的发展速度如此之快，令人激动，又令人不安。

我们仍在数字化学习的领域探究耕耘，而企业数智化学习的大门，很快就要开启。

从深耕数字化学习到迎接数智化学习，我们需要做什么？我们还能做什么？一切好像就在我们的大脑中，但是需要线索牵引。

我们不能低估技术的发展，我们需要跟上技术的发展，成为能够驾驭新技术新方法的人，成为陪伴我们所在的组织开启那扇新大门的人。

最后，感谢所有对本书的编写给予大力支持的专家、同仁和朋友们。